Les

Congrès Ouvriers

EN FRANCE

Bibliothèque du Musée Social.

LES
CONGRÈS OUVRIERS

EN FRANCE

DEUXIÈME SÉRIE

(1893-1906)

CRÉATION

DE LA

Confédération générale du Travail

PAR

Léon de SEILHAC

DÉLÉGUÉ PERMANENT DU MUSÉE SOCIAL

V. LECOFFRE

90, rue Bonaparte, 90

PARIS

Les Congrès ouvriers

CHAPITRE PREMIER

Les Congrès purement corporatifs.

La naissance de la Fédération des Bourses (7 février 1892). — Pourquoi les Bourses du travail ne pouvaient être politiques ? — Elles sont uniquement ouvrières. — Fernand Pelloutier est le chef du mouvement. — Les Bourses sont le Cercle de l'ouvrier. — La Bourse de Paris. — Son inauguration. — Sa fermeture — Le Congrès mixte de Paris (Juillet 1893) précédé des Congrès de Saint-Etienne et de Toulouse. — Les décisions du Congrès de Paris. — Fixation d'un Congrès de fusion à Nantes en 1894.

A la suite des Congrès qui commencent en 1876 par le Congrès de Paris, l'accaparement du parti syndical par les partis politiques est un fait démontré. La *Fédération des Syndicats* est une organisation politique du parti guesdiste.

Mais, en face de cette organisation syndicale et politique, se dressait bientôt une organisation entièrement syndicaliste et entièrement révolutionnaire, par conséquent hostile aux influences des partis socialistes politiques, c'était la *Fédération des Bourses*.

Pourquoi était-elle et devait-elle rester syndicaliste et antipolitique ?

C'est qu'elle était et ne pouvait être constituée que par les ouvriers révolutionnaires, ennemis déclarés des bourgeois. Dans les Bourses du travail, aucun bourgeois n'avait et ne pouvait avoir accès. Par définition, la Bourse n'était ouverte qu'aux ouvriers manuels, dont c'était le cercle d'éducation, d'instruction et de récréation, et ce fut une des principales raisons du succès des Bourses du travail. Chaque syndicat n'est pas assez riche pour louer de vastes locaux, y créer une bibliothèque, y donner des conférences. Ici, l'Etat ou la Ville se chargeait de tous les frais et construisait des immeubles superbes pour y abriter les syndicats ouvriers. La Municipalité de Paris, par exemple, construisait l'immeuble de la rue du Château d'Eau, qui coûta plusieurs millions.

L'entrée de ces Bourses était interdite aux pâles syndicats, qui n'étaient en fait que des Sociétés de secours mutuels, et, lorsque l'entrée était accordée à des syndicats de ce genre, il restait aux syndicats *sans alliage* la ressource de se constituer en *Union de syndicats,* se recrutant entre eux et imposant à leurs adhérents une stricte discipline.

Il y avait donc dans chaque Bourse un noyau de syndicats nettement opposés à la mutualité et purement corporatifs.

Ces syndicats se défendaient avec la même facilité contre l'invasion des politiciens. Les députés se trouvaient exclus des Bourses et leur influence s'arrêtait sur le seuil de ces édifices municipaux, où l'esprit révolutionnaire régnait en maître absolu.

Il faut ajouter que jamais l'organisation ouvrière n'aurait pu se réaliser sans la création opportune des Bourses du travail, en

France du moins ; car notre esprit léger se prête peu aux disciplines sévères et aux engagements sérieux. Les syndicats, qui fleurissent à l'étranger et y atteignent un degré de puissance dont ils sont fiers, grâce à leurs cotisations imposantes et à leurs services multiples, sont presque impossibles à créer en France sur des bases semblables. Les syndicats français sont des « louves maigres » constamment en quête de proie à dévorer, de surprises à tenter, de coups de main à risquer. Les syndicats étrangers sont de gros bataillons qui préparent lentement la bataille et ne s'y risquent guère qu'à coup sûr, pesamment équipés et fortement armés. — Leur caisse de munitions est toujours bondée, et s'ils se hasardent dans une grève, c'est qu'ils sont assurés de pouvoir tenir bon, le temps nécessaire à gagner une bataille décisive.

Aussi les Bourses eurent-elles un succès fantastique dans notre pays. — Les ouvriers socialistes acceptèrent, sans manifester aucune reconnaissance et sans s'astreindre à aucune gratitude, les dons de la bourgeoisie, qui croyait naïvement endiguer les violentes réclamations des ouvriers, en logeant ceux-ci dans de confortables immeubles. Pelloutier, qui était alors, avec Pouget, le chef le plus remarquable du clan révolutionnaire, comprit immédiatement le parti qu'on pouvait tirer de ces générosités bourgeoises. Jamais les syndicats n'auraient pu s'organiser en fédérations, sauf quelques rares exceptions concernant des ouvriers de choix : ouvriers du livre, métallurgistes, mécaniciens, lithographes..... — Les Bourses devaient facilement recruter toute l'armée ouvrière. Syndiqués et non-syndiqués y avaient accès, sans avoir à payer un centime de cotisations, en plus de celles que les syndiqués payaient déjà à la caisse de leur syndicat. Et aux non-syndiqués, qui se présentaient en flâneurs, en chômeurs ou en grévistes, il était facile de faire la leçon, de leur inculquer les grands principes de solidarité et de leur démontrer la nécessité qui s'imposait à eux de se grouper dans l'armée syndicale. — Surtout, aux époques de grèves, toute la corporation, ne sachant que faire et avide d'entendre des paroles de réconfort et de recevoir des secours nécessaires, se rendait à la Bourse du travail. — Et les syndicats se gonflaient à ces époques de crise et de 20 membres passaient parfois à 3.000 adhérents. Il est vrai qu'à peine la tourmente passée, ces néophytes, fort peu soucieux de verser des cotisations perpétuelles, s'évadaient du syndicat. Mais ils en connaissaient le chemin et, à la moindre alerte, ils y frappaient de nouveau, en faisant leur acte de contrition, assurés d'y trouver toujours la porte ouverte.

Il est certain qu'en France nos syndicats sont de véritables *syndicats-couloirs*, où l'on ne fait que passer, mais où l'on revient facilement à la première occasion.

La Bourse de Paris.

C'est le 3 février 1887 qu'eut lieu l'inauguration de la première Bourse du travail, à Paris. Cette Bourse, située rue Jean-Jacques Rousseau, ne devait être que l'annexe A de la grande Bourse centrale, dont l'édification était placée au commencement de la rue du Château d'Eau.

M. Mesureur, président du Conseil municipal, présida cette inauguration et dit aux syndiqués :

« Vous surtout, délégués de tous les groupements ouvriers de notre ville, nous avons tenu à vous faire aujourd'hui les honneurs de cette Maison communale dans laquelle demain *vous serez chez vous.* »

Le 22 mai 1892, M. Sauton, président du Conseil municipal, inaugurait enfin la Bourse centrale.

« Le Conseil municipal, disait-il, après un mûr examen, a reconnu qu'il y avait lieu de laisser aux *Chambres et Groupes corporatifs,* sous la responsabilité de leurs délégués, la direction et l'administration des services que comporte la nouvelle institution. »

La Bourse était ouverte à toutes les organisations ouvrières, qu'elles fussent ou non constituées légalement. Le préfet de la Seine, M. Poubelle, l'avait lui-même reconnu, lorsque le règlement de la Bourse était venu en discussion en séance du Conseil, deux mois plus tôt (30 mars 1892), en disant textuellement :

« On me demande à qui la Bourse sera ouverte ? Mais elle le sera aux Chambres syndicales. Il y a, je le sais, à côté des syndicats, formés conformément à la loi de 1884, d'autres groupes qui ne sont pas constitués régulièrement ; *mais en quoi cela me regarde-t-il ?* Le Conseil municipal pouvait distinguer entre les groupes légalement constitués et ceux dont la formation n'est pas régularisée. *Je n'ai pas cru devoir entrer dans ce détail.* D'un autre côté, M. le procureur de la République, chargé de veiller à l'observation de la loi, n'a pas dissous ces groupes. Je m'en tiens là. »

Cela n'empêchait pas le même préfet, à la date du 2 juin 1893, c'est-à-dire un an presque exactement après l'inauguration de la Bourse centrale, de faire afficher la décision suivante :

« Le préfet de la Seine

« Informe les syndicats qui n'ont pas encore satisfait aux prescriptions de l'article 4 de la loi du 21 mars 1884, qu'un délai d'un mois, à dater du 5 juin courant, leur est imparti pour régulariser leur situation.

« Passé ce délai, les syndicats qui n'auraient pas opéré le dépôt de leurs statuts avec l'indication du nom des personnes qui, à un titre quelconque, sont chargées de leur administration ou de leur direction, ne sauraient continuer à jouir du bénéfice de leur installation dans la Bourse du travail.

« Paris, le 2 juin 1893.

« POUBELLE. »

Sur 270 syndicats qui se trouvaient à la Bourse du travail, 150 s'étaient conformés à la loi. Cela ne les empêcha pas de se solidariser avec les syndicats réfractaires.

Ce fut une levée héroïque de boucliers.

****

Le 12 juin eut lieu à la Bourse une réunion anniversaire de l'ouverture de cette Bourse. Huit mille personnes y assistaient. Le ministre de l'Intérieur d'alors, M. Charles Dupuy, y fut pris à partie avec vigueur.

« Voilà qu'une espèce de bouffi, qu'on a fait ministre, se permet de nous menacer, s'écria M. ALLEMANE, dont on connaît le langage imagé et l'humour sarcastique. Que le 5 juillet (*date de l'échéance fixée par le ministre*), pas un de nous ne manque à son syndicat, et, si les *caponneaux* qui ne savent menacer que derrière les régiments, la police et les gendarmes, — les polissons qui sont ministres d'une République qui ne mérite que ces ministres-là, — si ces polissons veulent toucher au peuple, gare là-dessous, ça brûlera ! »

Le 5 juillet, les chefs syndicaux étaient à leur poste. Personne ne vint. Et comme des poursuites judiciaires venaient d'être engagées contre les membres de la Commission exécutive de la Bourse, ils crurent que tout l'effort du Gouvernement se réduirait à ces menaces d'intimidation.

****

Cependant, le 6 juillet, la Bourse fut envahie dans l'après-midi par des agents de police et entourée d'un cordon de troupes. Les syndicats légaux ou réfractaires à la loi furent déménagés sans autre forme de procès. On profita de cette surprise pour fermer complètement la Bourse du travail.

M. Guérard, qui se trouvait là par hasard, crut pouvoir engager des pourparlers avec le commissaire de police qui dirigeait les opérations. Son syndicat se trouvait en règle avec la loi syndicale.

— Nous avons la légalité et le droit, dit-il.

— Je me moque du droit et de la loi, répondit — à ce qu'il paraît — le commissaire. J'ai des ordres précis et je les exécute.

— Je sais que les commissaires de police, comme tous les policiers, n'obéissent qu'à l'illégalité. — Mais, au moins, puis-je laisser quelqu'un pour garder mon coffre-fort ?

— C'est inutile. La Bourse sera gardée.

— Oui, par la police, et avec les procédés que nous lui connaissons, nous avons quelques raisons de craindre que l'on nous vole.

— Pour l'amour du bon Dieu, taisez-vous !

— Je ne connais pas le bon Dieu !

— Pour l'amour de tout ce que vous voudrez, taisez-vous !

Et M. Guérard se retira en emportant ses papiers.

Les élus parisiens firent une violente et inutile protestation.

***

Ces événements donnèrent une importance énorme au Congrès qui avait été convoqué à Paris pour le 18 juillet et dont la date fut avancée en raison de ces événements.

« *L'idée des Bourses*, dit le rapport de la Commission, a plus fait pour fortifier le mouvement syndical que dix années d'efforts des militants, aussi bien que *M. Dupuy a plus fait en fermant la Bourse de Paris et en attaquant les syndicats que vingt années de propagande.* »

Au contraire, M. Guesde, inhabile observateur des phénomènes sociaux, croyait que cette attaque directe allait arrêter l'essor syndical, ne se souvenant plus qu'en France surtout « la persécution suscite des dévouements ».

« M. Dupuy, écrivait-il alors dans le *Matin*, en encombrant de sa police et de ses troupes à cheval l'impasse syndicale et corporative, — dans laquelle menaçaient de s'égarer un

trop grand nombre de travailleurs, — a rejeté dans le mouvement politique, c'est-à-dire
dans la vraie voie socialiste, le parti ouvrier
tout entier, *désormais convaincu qu'en dehors du gouvernement conquis par la classe
ouvrière, il n'y a pas de salut, pas d'émancipation du travail.* »

Le Congrès mixte de Paris.

Juillet 1893.

La Fédération des Bourses du travail était
de toute récente création. Elle ne venait que
de se constituer l'année précédente à Saint-
Etienne, où elle tint son premier Congrès.
Ce Congrès est fort peu intéressant par lui-
même, mais il compose le premier chaînon
de la liste des Congrès purement corporatifs,
sans compromission politicienne.

La Fédération des syndicats qui, peu à
peu, s'était écroulée sous la domination
exclusive et jalouse des guesdistes, n'avait
pas su créer, entre elle et les syndicats, « *des*

Unions locales ou régionales, en rapport immédiat avec eux ».

La Fédération des syndicats était donc condamnée à l'impuissance pour de multiples raisons :

Absence de liens directs entre la Fédération et les syndicats qui la composaient.

Absence d'organisations intermédiaires, locales ou régionales comme les Bourses du travail, ou de métiers comme les Fédérations de métiers.

Sujétion à un parti politique socialiste, alors que le parti socialiste était émietté en quatre ou cinq partis distincts. (Il en résultait qu'un syndicat blanquiste se refusait à entrer dans une fédération guesdiste.)

Création d'une Fédération des Bourses par des adversaires des guesdistes et adaptation plus logique et plus facile de la nouvelle fédération aux besoins des syndicats isolés.

Influence donnée à la Fédération des Bourses par les subsides des municipalités accordées aux Bourses du travail et, par conséquent, dérivation des syndicats vers la nouvelle organisation et abandon de l'ancienne et inutile organisation des syndicats.

Direction donnée à la nouvelle Fédération par de vrais ouvriers *adversaires de la politique*, anarchistes même pour la plupart et n'inspirant aucune suspicion au point de vue de leurs ambitions politiques.

Il en résultait que du succès de la Fédération des Bourses devait découler fatalement la diminution de la Fédération des syndicats, ceux qui dirigeaient la première étant des adversaires systématiques de la seconde.

***

Au moment où se tint le Congrès de St-Etienne, il existait déjà quatorze Bourses du travail, dont les plus anciennes (celles de Paris et de Nîmes) dataient de 1886. Ces Bourses étaient : Paris, Lyon, Toulouse, Bordeaux, Saint-Etienne, Nîmes, Toulon, Montpellier, Cholet, Béziers, Marseille, Cette, Nice, Le Cergne.

Dix Bourses envoyèrent des délégués à ce premier Congrès.

La Fédération y fut créée, avec des statuts fort simples et presque primitifs.

Le Congrès des Bourses de Saint-Etienne avait été suivi d'un deuxième Congrès, au début de 1893, — Toulouse en fut le siège (12-15 février 1893).

Vingt-trois Bourses, sur quarante actuellement existantes, y furent représentées. Le procès-verbal indique que ce chiffre sous-entend *750 syndicats et 850.000 syndiqués!*

Nous ne nous arrêterons pas à cette exagération violente. Nous ferons seulement remarquer que la Confédération du travail, *en 1907*, ne faisait état que de 200.000 syndiqués.

On fixa, à ce Congrès, le chiffre des cotisations que les Bourses du travail devaient verser au Comité fédéral.

Paris et Montpellier réclamaient 2 francs par mois et par dizaines (ou fraction) de syndicats. D'autres villes réclamaient 1 franc seulement; d'autres, de 0 fr. 15 à 0 fr. 25

par unité syndicale ; Cognac fixait le taux à 0 fr. 25 par syndicat (au-dessous de 100 syndicats) et à 0 fr. 10 au-dessus de ce chiffre.

Enfin le vote indiqua le chiffre de 1 franc par mois et par syndicat pour chaque Bourse ne comptant pas plus de cinq organisations syndicales et 0 fr. 20 par syndicat pour les Bourses comptant plus de cinq organisations.

Il faut remarquer qu'à ce Congrès les délégués ne sont pas connus sous leurs noms. C'est « LYON » ou « SAINT-ETIENNE » qui parlent ou votent. Les personnalités ne comptent pas.

SAINT-ETIENNE demande la tenue d'un Congrès national unique à Lyon, dans lequel auront accès *cercles*, *groupes d'études*, Bourses et syndicats.

Le Comité fédéral (de Paris) demande la convocation d'un congrès *exclusivement corporatif*, avec l'ordre du jour suivant :

Union de tous les syndicats par la Fédération des Bourses du travail.

*
* *

Ce système était précis, habile et réalisable. Tous les syndicats devaient fatalement s'affilier à leur Bourse du travail, en raison des avantages qu'ils pouvaient y trouver. Et ces Unions régionales une fois créées, il n'y avait rien de plus simple que de les fédérer. La Fédération des Bourses, construite sur un plan absolument logique, devait réussir, là où avait échoué la Fédération des syndicats.

Il y a dans chaque industrie des rivalités de métier, des jalousies de personnes, des dissemblances de situations. La *Fédération des ouvriers métallurgistes*, par exemple, n'a jamais pu s'entendre avec la *Fédération des mécaniciens*, ni englober cette Fédération. Il peut y avoir dans la même industrie des métiers à hauts salaires et des métiers à bas salaires, qui peuvent se concurrencer, se combattre et se jalouser. Dans une Bourse du travail, rien de tel. Rien ne s'oppose à l'union étroite de syndicats très différents, mais ayant comme affinité la cohabitation dans la même ville ou la même région.

***

Le Congrès de Saint-Etienne avait donc décidé de convoquer à Paris, en 1893, un Congrès de toutes les Chambres syndicales et de tous les groupes corporatifs de France.

Mais cette résolution ne devait pas séduire les guesdistes de la Fédération des syndicats qui voyaient dans ces assises communes non une fusion, mais une absorption. Ils conseillèrent donc à leurs adhérents de ne pas s'y faire représenter (1). Malheureusement pour eux, le coup de force tenté contre la Bourse de Paris fit que l'on ne vit plus dans ce Congrès qu'une protestation contre le *réactionnarisme* du Gouvernement et que les syndicats adhérèrent en masse à ce *meeting*, dont la première séance eut lieu le 12 juillet.

(1) A Saint-Etienne, ce Congrès n'avait d'ailleurs été décidé que par 6 voix contre 3, et 6 abstentions.

***

Le premier acte de ce Congrès fut le vote de la protestation suivante :

« Le Congrès des Chambres syndicales ouvrières de France siégeant à Paris, salle du Commerce, 94, rue du Faubourg du Temple, représentant plus de *300.000 travailleurs* groupés ;

« Proteste contre les mesures de répression prises par le Gouvernement contre la classe ouvrière ;

« Il engage tous ceux qui luttent pour la République sociale à *ne pas prendre part aux fêtes officielles du 14 juillet,* afin de montrer leur mépris pour un gouvernement qui n'a pas hésité à faire assommer la population parisienne par la police. »

Le Congrès votait ensuite la résolution suivante :

« Tous les syndicats ouvriers existants devront dans le plus bref délai :

« Adhérer à leur Fédération de métier

ou en créer s'il n'en existe pas ; se former en
Fédérations *locales ou Bourses du travail ;*
puis ces Fédérations et Bourses du travail
se constituer en Fédération nationale.

« A cet effet, le Congrès émet le vœu que
la Fédération des Bourses du travail de
France et la Fédération nationale des
Chambres syndicales *se fondent en une
seule et même organisation.*

« Il sera formé un Comité central, composé de deux délégués par Fédération de
métier et de quatre pour la Fédération
nationale des Bourses du travail et des
Chambres syndicales. »

C'était l'absorption pure et simple de la
« vieille Fédération » par une Fédération
naissante.

M. LÉON MARTIN fut obligé de protester
avec force, mais peut-être sans une conviction absolue, contre le reproche adressé à
la Fédération des Bourses de vouloir étouffer
et dominer les autres organisations ouvrières et surtout la Fédération guesdiste.

« Cependant, ajoutait-il, je préfère l'une

à l'autre, trouvant le moyen meilleur. La Fédération des Bourses est acceptée par tous les esprits. Les villes qui ont des Bourses veulent les garder et les défendre; celles qui n'en ont pas veulent en avoir. Et la preuve que les Bourses ont l'avenir pour elles, c'est que le Gouvernement les attaque partout avec la plus grande rigueur. S'il ne les craignait pas, il les laisserait vivre tranquillement. »

Bien entendu, la grève générale fut votée dans ce Congrès, où l'influence des Bourses ne saurait être contestée.

On y émit le vœu suivant :

« Mise à l'ordre du jour de la grève générale à tous les Congrès ouvriers;

« Eviter, sauf le cas d'urgence, toutes les grèves partielles, d'ici à la fin de la présente année. »

Le délégué de la Chambre syndicale du vélo était naturellement le plus pressé, pour déclarer la grève générale *tout de suite*. Il faut un prétexte? Il est tout trouvé : la fermeture de la Bourse du travail.

Cette précipitation ne fut pas acceptée par l'ensemble du Congrès, qui se contenta de créer une Caisse de grèves, alimentée par une cotisation mensuelle de 5 centimes par syndiqué. Cette Caisse devait avoir comme but principal la grève générale. Par la suite, cette institution de caisse de grèves ne donna que des résultats dérisoires.

Enfin, le Congrès décida que le prochain Congrès serait un Congrès d'union et qu'il se tiendrait à l'endroit, déjà fixé pour ses prochaines assises, par la Fédération des syndicats, à Nantes, en septembre 1894.

CHAPITRE II

Le Congrès de fusion de Nantes.

(17-22 septembre 1894.)

*Le IIIe Congrès de la Fédération des Bourses à Lyon
(juin 1893). — Le Congrès international de Zurich
(août 1893). — Le Congrès de Nantes. — Hostilité des
guesdistes à ce projet. — La province contre Paris. —
Question de mandats.— Pelloutier contre M. Raymond Lavigne. — La grève générale. — M. Briand et M. Raymond
Lavigne. — Après une superbe résistance, M. Lavigne
est vaincu et les guesdistes quittent bruyamment la salle
du Congrès. — La Fédération des syndicats s'émiette et
disparaît. — La Fédération des Bourses prend la prépondérance. — Fernand Pelloutier. — Son indépendance
de caractère. — Sa situation misérable.*

Cependant, le Congrès mixte de Nantes fut
précédé du troisième Congrès de la Fédération des Bourses du travail tenu à Lyon
(25-27 juin 1893) (1), et d'un Congrès international à Zurich (août 1893).

Du Congrès de Zurich, nous ne disons

(1) V. *Les Congrès ouvriers* (1876-1897), Colin, éd., 1899.

rien, car il n'eut aucune influence directe sur les Congrès corporatifs des deux Fédérations françaises.

Le Congrès de Lyon prit, au dire de Pelloutier, trois décisions malheureuses :

— Etablissement d'un projet de règlement unique pour toutes les Bourses.

— Demande de reconnaissance d'utilité publique pour les Bourses.

— Interdiction à la Fédération de publier un organe officiel, sans avoir au préalable recueilli mille souscriptions à 4 fr. (2).

De ces trois résolutions, la première n'a jamais été appliquée, la deuxième fut rapportée au Congrès suivant, la troisième arrêta l'action et entrava la propagande de la Fédération.

(2) Le budget du journal était ainsi dressé :
Bulletin semi-mensuel à 1.000 exemplaires :

26 numéros à 100 fr.....................	2.600 fr.
Timbres : 20 fr. pour chaque numéro.	520 fr.
Frais : 25 fr. — —	650 fr.
	3.770 fr.

Pour 2.000 exemplaires.

26 numéros à 120 fr.................	3.120 fr.
Timbres : 520 + 260.................	780 fr.
Frais : 30 fr. pour chaque numéro ...	780 fr.
	4.680 fr.

****

Le Congrès mixte de Paris avait décidé qu'un Congrès unique des deux fédérations se tiendrait à l'endroit choisi par la Fédération des syndicats pour son prochain Congrès. C'était Nantes. Les guesdistes de la « vieille » Fédération des syndicats se débattirent comme de beaux diables contre cette décision, qui allait livrer leur Fédération en proie à leurs adversaires des Bourses. M. Guesde reprochait à la nouvelle Fédération de « griser les ouvriers ». — « Les Bourses, écrivait M. Raymond Lavigne, ont été créées, comme les bibliothèques, les maisons du peuple, pour les besoins des syndicats; elles ne doivent pas les subordonner, les amoindrir. *Simple instrument pour le service des syndicats*, la Fédération des Bourses prétend se substituer à la Fédération nationale, qui a un si glorieux passé... — *C'est raide!* — *Sous prétexte de fusion et d'union amicale, on veut l'effacement de la province devant Paris.*

Paris était, en effet, le siège de la nouvelle et déjà puissante Fédération. — Le siège de l'ancienne Fédération variait à chaque Congrès et restait fixé dans la ville où s'était tenu le précédent. Et les guesdistes profitèrent habilement de la jalousie de la province contre Paris pour ameuter une partie des syndicats contre la Fédération des Bourses.

Le précédent Congrès de la Fédération des syndicats s'était tenu à Marseille. Le siège de la Fédération était donc resté à Marseille, et il y eut de longues discussions et des menaces de rupture entre M. Jean Coulet, secrétaire de Marseille, et le secrétaire de la Commission d'organisation de Nantes, M. D. Colombe. — M. Jean Coulet fit même le voyage de Marseille à Nantes pour essayer de maintenir l'autorité de sa Fédération. Il prétendait que le Congrès fût placé sous l'autorité de la vieille Fédération.

Le 6 mai 1894, il écrivait encore à la Commission d'organisation :

« Vous avez cru ne pas devoir vous en tenir strictement à la résolution de notre cinquième Congrès national des syndicats ouvriers pour organiser notre sixième Congrès. Vous l'avez organisé de concert avec une autre Fédération qui n'a absolument rien de commun avec la nôtre, malgré tous nos avis et toutes nos protestations. En conséquence, le Conseil national vous retire le mandat qui vous avait été confié en 1892. »

***

Cependant, tout finit par s'arranger, et, le 17 septembre 1894, le Congrès de fusion s'ouvrait avec 143 délégués représentant 776 syndicats affiliés à 21 Bourses, 682 syndicats affiliés à 30 Fédérations, et 204 syndicats non encore affiliés à une Bourse ou à une Fédération.

***

Devait-on voter par mandats ou syndicats, ou bien par délégués?

Il y avait 143 délégués et 1.662 syndicats représentés.

Le nombre des syndicats était incontestablement en faveur de la Fédération des Bourses et de la grève générale, que les délégués des Bourses avaient l'intention de voter, *contre le gré des guesdistes.*

Les guesdistes n'avaient plus qu'une ressource : se sauver par le nombre de leurs délégués qui semblaient aussi nombreux, sinon plus, que ceux des Bourses.

Un jeune homme, inconnu jusqu'alors, vague représentant des journalistes socialistes, Pelloutier, se signala dans cette passe d'armes. C'est la première fois qu'on entendait prononcer son nom. Il allait devenir célèbre.

Il proposa la motion suivante :

« *Les délégués auront autant de voix que de mandats déposés.* »

Par 46 voix contre 45 (faible majorité), cette motion est acquise.

Alors on vit l'un des chefs guesdistes les plus énergiques et les plus dévoués monter à la tribune et déclarer que, *si ce vote n'est pas immédiatement rapporté*, les guesdistes quitteraient le Congrès.

****

Il a été décidé, à la majorité d'une voix, ajouta l'orateur, M. RAYMOND LAVIGNE, que le vote aurait lieu, non pas même par syndicats représentés, mais par syndicats ayant acquitté un droit d'entrée de 3 francs. On a ainsi transporté dans le milieu ouvrier le *silence aux pauvres* des gouvernements capitalistes.

En divisant de la sorte les organisations syndicales en syndicats qui comptent et en syndicats qui ne comptent pas, selon qu'ils ont ou non versé une certaine somme, on supprime les droits du travail et l'on introduit dans le monde prolétarien le privilège et le monopole de l'argent. La majorité réelle, basée sur le suffrage universel, est remplacée par une majorité factice, basée sur le suffrage censitaire. La souveraineté du travail fait place à la souveraineté des gros sous.

Pour éviter cette rupture, le Conseil national de la Fédération des Bourses prit l'initiative de demander au Congrès qu'il revînt sur son vote. Cette décision fut accueillie par des bravos et des cris de : « *Vive l'Union !* »

Mais la rupture n'était qu'ajournée.

****

C'est à ce Congrès de Nantes qu'eut lieu la plus fameuse discussion sur la grève générale. On y entendit deux orateurs déjà réputés, deux jouteurs habiles et vigoureux : M. ARISTIDE BRIAND et M. RAYMOND LAVIGNE.

La grève générale, dit M. BRIAND, a été déjà votée au Congrès de Marseille (Congrès de la Fédération des syndicats en 1892). — Puisqu'aujourd'hui on vient proposer de la rejeter, c'est donc qu'on a des arguments nouveaux à faire valoir.

On dit que c'est une utopie, une duperie. C'est un drapeau qui doit conduire à la victoire (1).

On prétend qu'elle n'est pas possible, limitée à un seul pays. Mais, si les ouvriers belges avaient été mieux préparés, elle aurait certainement abouti en Belgique.

L'idée de la grève générale a modifié le sens des grèves partielles, qui ont diminué de fréquence, qui sont plus souvent victorieuses et qui sont devenues souvent des grèves de solidarité. Le principe de la grève générale a détruit l'égoïsme chez l'ouvrier. On ne considère plus la grève comme une lutte contre un patron, mais comme une arme sociale contre toute la société capitaliste.

Il faut user du bulletin de vote, va-t-on objecter ? Mais le jour où le suffrage universel gênera les gouvernants, ils le supprimeront et ils fusilleront même les travail-

(1) Admettons que ce soit une utopie, me disait un révolutionnaire connu, c'est un drapeau ! Et si nous n'avions pas de drapeau pour rallier les ouvriers et leur faire croire à la possibilité d'une victoire, nos syndicats seraient désertés.

leurs au besoin. Et d'ailleurs, la grève générale n'empêche pas l'emploi du suffrage universel. C'est une arme de plus, voilà tout. « Une souris qui n'a qu'un trou est bientôt prise », dit le proverbe. L'ouvrier a un fusil; mais il peut rater, qu'il en ait donc un de rechange! Dans six ans, on va faire l'Exposition universelle; que quatre mois auparavant, le Gouvernement soit mis en demeure de voter des lois sur les *trois-huit*, la caisse de retraites, etc.; il y sera forcé, car il serait bien embarrassé pour faire son exposition.

Les guesdistes, MM. DELCLUZE, ROUSSEL et PEDRON, ainsi que M. CHABOT, typographe, répondirent tout d'abord au brillant orateur, qui venait de faire son apparition dans les Congrès ouvriers et qui devait bientôt, converti à la société bourgeoise, devenir un habile homme politique.

C'est un espoir fallacieux, disaient tous les guesdistes! C'est une chimère que la grève générale! Et son insuccès fatal engendrera le désespoir, la lassitude, et fera rétrograder d'un siècle l'organisation de la classe ouvrière. Elle ne peut mener qu'à la plus cruelle des réactions !

***

Quand on vous dit, observait M. LAVIGNE, que le jour de la grève générale les bourgeois ne mangeront plus, j'ai peur que les travailleurs soient obligés d'en faire autant.

On dit que la grève générale est comme une épée de Damoclès suspendue sur la tête de la bourgeoisie. La figure est mauvaise, car au lieu d'un fil très ténu, il y a un gros câble. C'est une épée d'avocat dont la bourgeoisie se rit.

(M. Briand, qui est avocat, dut sentir la malice de cette allusion.)

Il ne faut pas effrayer les syndicats, dit encore M. Lavigne, il ne faut pas épouvanter les ouvriers qui voudraient pénétrer dans les organisations corporatives, en leur montrant une trop rude tâche à accomplir. Et surtout, au moment où l'on veut amener les paysans dans les syndicats socialistes.

Pour réussir, il faut l'unanimité des ouvriers dans les syndicats, et on va creuser un fossé profond entre les partisans et les adversaires de la grève générale.

On ne peut pas déclarer que la grève générale est possible, en prenant comme exemple celui de la grève générale en Belgique. Là il y avait la question du suffrage universel qui réunissait, dans un même esprit, bourgeois et ouvriers. — Cet exemple ne peut être invoqué qu'à l'encontre de la grève générale. Les guesdistes comptent sur le suffrage universel. La bourgeoisie pourrait le leur retirer, objecte-t-on? — Mais alors il y aurait unanimité des ouvriers, des bourgeois et des petits commerçants pour le réclamer et pour déclarer la Révolution, avec toutes chances de succès.

Il ne faut pas croire les guesdistes assez naïfs, assez bêtes pour espérer d'arriver à la Révolution par le parlementarisme. Mais ils disent qu'on ne peut pas prévoir quand et comment la Révolution éclatera. Cela dépendra des circonstances. Et le jour où elle éclatera, son succès dépendra uniquement du nombre de députés à la Chambre et de représentants aux Conseils municipaux, acquis à la Révolution et capables de l'organiser. Il faut préparer lentement la masse qui devra monter à l'assaut de la société capitaliste et ne livrer l'assaut que lorsque tous les travaux d'approche auront été terminés autour de la vieille citadelle encore résistante.

« C'est au moment, conclut M. Lavigne dans une péroraison éloquente, où, grâce à la ténacité et au dévouement persévérant et infatigable de nos militants, l'organisation française syndicale est en voie de prendre autant de consistance que celle des *Trade-Unions* anglaises, parallèlement à la conscience et à la puissance de son organisation politique dirigée par la conquête du pouvoir politique ;

« C'est au moment où, par une étude attentive des questions agricoles d'une tactique prudente appropriée à ses mœurs, nous arrivons à amener à nous la France paysanne, pour lui faire mettre la main de la France ouvrière et rendre leur cause commune et identique;

« C'est au moment où, de plus en plus, tous les pouvoirs élus sont en train de passer entre les mains du prolétariat organisé;

« C'est à ce moment que vous osez venir nous proposer de lancer la France prolétarienne sur la piste utopique d'une question qui ne peut que la diviser en deux camps irrémédiablement ennemis, pour le plus grand bonheur de la bourgeoisie capitaliste?

« Mais *c'est un crime cela,* sinon dans vos intentions, du moins dans la conséquence que vous allez déchaîner!

« Et nous avons le droit de nous désolidariser d'avec vous.

« Nous avons même le droit de vous demander quel rôle vous jouez, quelle œuvre vous poursuivez?

« Nous mener tout droit à la provocation d'une Révolution d'avance avortée.

« *Vous soulèveriez les fourches et les faux!* »

⁎

A ce réquisitoire, M. Briand répondit que c'est à tort qu'on lui a reproché d'être avocat, qu'il ne l'est plus, qu'il n'est aujourd'hui qu'un simple employé gagnant péniblement sa vie. Il ne peut reprendre son ancienne profession, n'ayant pas d'argent pour se payer des meubles. Il proteste contre le rôle qu'on veut lui faire jouer en lui reprochant de dorer la pilule pour tromper les socialistes. Que font alors les guesdistes, lorsqu'ils appellent Jaurès à faire de la propagande socialiste ?

Le mot d'*avocat* appliqué à M. Briand a fait fortune. M. Salembier constate que M. Briand a gardé la tribune pendant 102 minutes : ce qui ferait 32 jours, si tous les délégués parlaient autant sur ce sujet.

Sur ce, la clôture est mise aux voix et adoptée.

Le vote a lieu à la tribune.

Soixante-cinq délégués se déclarent partisans de la grève générale, 37 votent contre, 9 s'abstiennent.

****

A ce moment, l'idée qu'on se faisait de la grève générale était encore indéterminée.

D'après un rapport de la Bourse du travail de Dijon, la grève générale ne pouvait être, comme le conjecturaient un grand nombre d'ouvriers révolutionnaires, soutenue par des subsides.

En comptant six millions de travailleurs et quatre personnes par famille, il aurait fallu secourir vingt-quatre millions de personnes ou verser vingt-quatre millions de francs par jour, et pour trente jours — *durée maxima probable de la grève générale* — sept cent vingt millions de francs : ce qui rendait l'expérience irréalisable. Il fallait donc tout d'abord fédérer tous les syndicats, en dehors des clans et des coteries, et faire de la bonne propagande, sans avoir besoin de recourir à la force de l'argent, et en se contentant d'unifier et de discipliner le prolétariat.

***

Dès le vote de la grève générale, les guesdistes avaient décidé d'abandonner le Congrès. Telle fut toujours leur tactique, lorsqu'ils avaient le dessous dans une discussion. Ils profitèrent de quelques mots prononcés à la tribune par un ivrogne et de la lacération d'une affiche dans laquelle ils invitaient leur vieille Fédération à se réunir dans une autre salle « pour aviser » aux décisions à prendre, et se retirèrent au milieu d'un brouhaha épouvantable, pendant que s'échangeaient entre eux et leurs adversaires d'aimables épithètes, dont « coquins » et « canailles » sont les plus amènes.

La Fédération des syndicats avait vécu.

La jeune Fédération des Bourses sortait de l'ombre et prenait la place de sa vieille rivale déchue. C'est alors que se manifesta celui qui devait porter la Fédération des Bourses à son apogée et qui réalisa le rêve de l'Union ouvrière par la Confédération générale du Travail.

***

Cet homme était FERNAND PELLOUTIER, de famille noble, royaliste et catholique, mais dont le grand-père paternel, qui était avocat à Nantes, manifesta des idées très libérales, collabora au *Phare de la Loire* et fit partie des Sociétés secrètes. Le frère de celui-ci était, par contre, royaliste convaincu, et Charles X, en reconnaissance de son zèle, le créa baron de Boisrichard. Le nouveau baron prit une part active à l'insurrection de 1832, fut arrêté comme agent de la duchesse de Berry, en compagnie d'un M. Clemenceau qui était l'ancêtre de l'homme politique actuel (1).

Fernand Pelloutier fit comme son grand-père, bien qu'il eût été élevé dans un petit séminaire, d'où il fut d'ailleurs renvoyé. Puis il se met à écrire dans différents jour-

(1) Notice de M. Victor Dave, dans l'*Histoire des Bourses* de Pelloutier. — Schleicher, édit., 1902.

naux démocratiques et à s'instruire, cherchant dans la lecture et le travail une consolation du lupus tuberculeux qui ronge son visage. Il sait qu'il est condamné, que sa vie doit être extrêmement courte. Il devient d'abord guesdiste et fonde l'Emancipation, section du Parti Ouvrier Français. Il se sépare bientôt de ce parti autoritaire et devient anarchiste, en venant habiter à Paris. Il est délégué des journalistes socialistes au Congrès de Nantes. Il fonde une Société qui n'a pas grand succès, la Société des Chevaliers du travail français, à l'imitation de la Société américaine. En 1895, il est nommé secrétaire général de la Fédération des Bourses et organise cette Fédération, en en faisant ce qu'elle est aujourd'hui.

Le pauvre garçon souffrait atrocement d'hémorragies qui duraient toute une nuit, pendant qu'il restait assis à sa table de travail, donnant un labeur fantastique, entreprenant des traductions en différentes langues, qu'il avait rapidement acquises, faisant des articles qui ne lui étaient pas payés, dressant des rapports merveilleux de logique et de clarté, lisant, écrivant, pensant à la lourde tâche qu'il avait entreprise. Devenant typographe sans apprentissage, il composait lui-même une petite revue qu'il avait créée : « L'Ouvrier des Deux-Mondes ». Je n'ai jamais rencontré un dévouement aussi complet à des idées, un tel courage au milieu de souffrances aussi cruelles.

Pour tout cela, on le payait cent francs par mois à la Fédération des Bourses, dont il était le créateur, dont il était l'âme elle-même.

Enfin il réussit à se faire nommer délégué à l'Office du travail. Cette nomination lui fut cruellement reprochée. Et on n'eut de répit qu'on ne lui ait fait perdre cette modeste situation qui l'empêchait de mourir de faim lui et les siens.

Après un long martyre de six mois, il s'éteignit le 13 mars 1901. Il était né le 1er octobre 1867.

Voici ce que m'écrivait Pelloutier, au moment où sa misère était la plus extrême :

MON CHER AMI,

Je me trouve réduit à pourvoir à l'existence de trois personnes avec cent francs par mois ! Dans le désarroi où je me trouve, c'est encore à vous que je m'adresse. M. R... (un éditeur) à qui vous avez bien voulu me recommander a paru assez favorablement disposé pour moi ; malheureusement, il ne peut rien avant la fin de l'année, au moins pour ce qui concerne sa librairie. Mais comme il avait pensé qu'à la rentrée peut-être connaîtrait-il quelqu'un susceptible d'utiliser mes services, un mot lui signalant la gravité de ma situation pourrait stimuler ses recherches.

Epuisé par l'effort que j'ai dû faire aux Congrès de Rennes, revenu malade, aujourd'hui découragé, je ne fonde plus d'espoir que sur votre amitié. Si elle se trouvait impuissante à vaincre la déveine dont je suis victime, je n'ose me demander ce que je ferais.

A vous, mon cher ami, le plus cordialement du monde.

F. PELLOUTIER.

***

Bruyères-de-Sèvres, 22 juillet 1899.

MON CHER AMI,

J'étais, vous le savez, au *Journal du Peuple*, je ne vous étonnerai pas en vous disant que, dès l'apparition du journal, l'administration paya les rédacteurs d'une façon fantaisiste et qu'il fallait chaque mois batailler des jours entiers pour arracher une petite partie des appointements fixés dans le principe; mais je vous étonnerai peut-être en vous apprenant que, dans ce journal *anarchiste*, il y eut une censure plus féroce, plus mesquine que dans maint journal « bourgeois » méchamment réputé à ce sujet.

Et comme tous les soins possibles n'ont pu apporter le moindre tempérament à la laryngite dont je souffre depuis le Congrès de Rennes, que j'avais assez des luttes misérables, nécessaires soit pour faire passer un article, soit pour toucher quelque argent, un beau matin je fis comme cet homme qui, voulant apprendre à nager immédiatement, ne trouva pas de moyen meilleur que de se jeter à l'eau ; je quittai le *Journal du Peuple* sans savoir ce que j'allais faire, et l'administration prenant prétexte de mon départ pour ne pas même me payer le mois de juin.

C'est alors que Georges Sorel me conseilla de demander à Millerand une mission, qu'il la fit lui-même demander pour moi par Jaurès, que Millerand accepta aussitôt et chargea M. Arthur Fontaine d'examiner dans quel sens l'Office pourrait m'utiliser.

J'ai donc vu hier M. Fontaine (qui, entre parenthèses, m'a parlé de vous et m'a fourni une nouvelle preuve de l'estime dont vous voulez bien m'honorer). Nous avons causé, et, de notre entretien, il résulte ceci :

1° Millerand approuvera les yeux fermés ce qu'aura décidé M. Fontaine ;

2° M. Fontaine, qui sera promu directeur

de l'*Office* le 30 courant, réserve jusqu'à ce moment toute décision, ne voulant paraître exercer *avant terme* aucun des pouvoirs encore entre les mains de M. Moron.

3° Il me chargera, comme travail de début, de compléter l'enquête, suspendue en 1894, sur les Bourses du travail.

Me voici donc, je crois, enfin affranchi du journalisme; reste un point que pour rien au monde je n'aurais abordé, mais que vous pouvez, vous, mon cher ami, soulever. C'est la nécessité pour moi *d'entrer vite en fonctions*. M. Fontaine m'a bien dit : « Dès ma nomination, vous aurez la vôtre »; mais lui, qui ignore ma situation, peut mettre un retard de huit, de quinze jours peut-être, sans songer que les journées coûtent cher et que quinze jours sont la moitié d'un mois. Je demande donc encore à votre amitié ce service de faire comprendre à M. Fontaine que, pour moi plus que pour quiconque, *time is money*.

Bien cordialement à vous, mon cher ami.

F. PELLOUTIER.

CHAPITRE III

Le Congrès de Limoges.

(23 septembre 1895.)

Premier Congrès
de la Confédération du Travail.

Le Congrès de Limoges avait été précédé de celui de la Fédération des Bourses, à Nîmes (9-12 juin 1895). — Création de la Confédération générale du Travail, avec des statuts imparfaits qui seront revisés à chaque Congrès suivant.

Le Congrès de Limoges était le septième Congrès de la Fédération des syndicats; mais il fut surtout le premier en titre de la Confédération générale du Travail. C'est là que fut créée cette mirifique institution, dont les débuts furent pénibles et qui ne réussit à se mettre sur pied qu'en s'annexant purement et simplement la Fédération des Bourses, celle-là nettement existante.

D'ailleurs, le Congrès de Limoges ne fut convoqué que par la majorité des syndicats (faible majorité) qui, au précédent Congrès de Nantes, avaient préconisé la grève générale à l'encontre des guesdistes. Ces derniers avaient réuni, à Troyes, cette même année, leurs syndicats restés fidèles, et obtenu une modeste assemblée, tant la conception de la grève générale avait su émouvoir l'esprit des syndicats français, par nature idéalistes et révolutionnaires. Aussi ce Congrès de Troyes fut le dernier des groupes guesdistes de la vieille Fédération des syndicats.

Le Congrès de Limoges avait été précédé du Congrès de la Fédération des Bourses qui, cette année 1895, s'était réuni à Nîmes.

Ce Congrès n'eut pas grande importance. Il se tint du 9 au 12 juin. On y repoussa la demande de reconnaissance d'utilité publique qu'on avait décidée au précédent Congrès des Bourses, à Saint-Etienne.

Le secrétaire de la Fédération, FERNAND PELLOUTIER, chanta les louanges et dit les succès de la Fédération ! Sans doute, ajoutait-il, l'argent manque à nos Bourses ; mais *qui sait, si, riches, notre ardeur de rénovation sociale ne s'apaiserait pas, et si, au contraire, l'excès de nos misères n'est point notre meilleur stimulant dans la guerre que nous avons déclarée à nos exploiteurs !*

La Fédération des Bourses comptait alors trente-six Bourses ou Unions de syndicats.

**

Une question était grave. Allait-on faire déménager le Comité fédéral avec chaque Congrès, ainsi que l'avait imaginé sottement l'ancienne Fédération guesdiste des syndicats ? Elle n'avait pas eu à redouter les ennuis que pouvait, que devait même fatalement supporter une organisation toute neuve. Les guesdistes avaient des fiefs acquis : Marseille, Montluçon, Lille, Roubaix, Roanne, Bordeaux, Calais, etc. — Dans chacune de ces villes, les guesdistes étaient assurés de trouver des hommes dévoués à leur cause et des comités tout préparés. Si l'on eût commis la même erreur avec la Fédération des Bourses, encore mal disciplinées et soumises en un certain nombre à un parti politique, l'échec de la nouvelle Fédération était certain. — PELLOUTIER, qui fut le créateur de cette nouvelle organisation de combat, le devina dès l'origine, et tous ses efforts furent dirigés vers la nécessité d'organiser très solidement le siège de la nouvelle Fédération à Paris.

Ce ne fut pas sans lutte. La province était jalouse de Paris, et les guesdistes soufflaient aux Bourses de province un esprit de rébellion contre la main-mise de la capitale sur la Fédération.

« La classe ouvrière, leur dit PELLOUTIER, ne cesse de se demander quel est le secret de la force gouvernementale, par quels artifices la classe dirigeante réussit à maintenir un édifice social étayé sur le plus instable des moyens de gouvernement, c'est-à-dire l'arbitraire. Mais comment ne voit-elle pas que tout le secret réside dans la centralisation, héritage funeste pour les travailleurs, précieux pour les oisifs, de cette Révolution française, si vantée par l'oligarchie qui en a été le produit? Cette centralisation, l'Etat ne la proclame-t-il pas le fondement même de l'ordre social, lorsqu'il en refuse l'exercice à ses adversaires et met, par exemple, *la municipalité* de Paris en dehors du droit commun? Or, si la centralisation est bonne pour la classe dirigeante, elle ne doit pas l'être moins pour la classe ouvrière. »

Il fallait, d'ailleurs, établir une certaine continuité dans la direction de la Fédération, et ce n'était pas en faisant valser les secrétaires d'une ville à une autre, chaque année, qu'on pouvait obtenir cette continuité d'un même effort.

« Les travaux statistiques, ajoutait PELLOUTIER, ne sont pas chose facile, et on peut hardiment hausser les épaules lorsqu'on entend traiter d'ignorant un Leroy-Beaulieu ou un Molinari (1)... Or, c'est précisément à l'heure où une pratique difficile à acquérir, une *familiarisation* déjà longue avec les innombrables documents de leur enquête, auront rendu les membres du Conseil national ouvrier aptes à dépouiller les chiffres, à les classer en *minima*, en *maxima* et en moyennes, que prendra fin leur mission et qu'on imposera à d'autres hommes le soin d'achever un travail gigantesque. »

Pelloutier eut gain de cause. Le siège de la Fédération des Bourses fut fixé à Paris, ses pouvoirs furent renouvelés et la Fédération se présenta forte et unie au Congrès de Limoges où devait être créée l'illustre Confédération générale du Travail.

(1) Ceci à l'adresse de M. Guesde qui, dans son insupportable orgueil, a coutume de dire : « A l'école, les professeurs ! » et de soutenir que tous les adversaires du socialisme sont des imbéciles, incapables de comprendre des textes, dont il est un des seuls initiés.

[*]

Le premier Congrès de la Confédération qui s'ouvrit à Limoges le 23 septembre 1895, fut une victoire du parti syndical-ouvrier contre le parti syndical-politique, de Pelloutier contre M. Jules Guesde, de la Fédération des Bourses contre l'ancienne Fédération des syndicats.

Le Congrès avait son siège fait sur toutes les questions, et, sur toutes, dans le sens diamétralement opposé à celui des politiciens. Ceux-ci voulaient la Confédération en province, — le Congrès en décide le siège à Paris ; — l'exclusion de la Fédération des Bourses, — le Congrès invite la Fédération à entrer dans la nouvelle organisation ; — le rejet de la grève générale, — elle obtient une majorité plus forte qu'à Nantes ; — l'appui des travailleurs pour les candidats socialistes, — le Congrès invite les travailleurs à ne voter que pour des *ouvriers syndiqués*.

« La grève générale, m'écrivait PELLOU-

TIER le 5 octobre 1895, s'est trouvée, bien
qu'écartée de l'ordre du jour, le leading
article de toutes les discussions, et c'est pour
ou contre elle que se sont livrées toutes
les batailles. C'est dans la crainte qu'elle
devînt l'unique objet des préoccupations de
la Confédération générale du Travail qu'on
a essayé de faire placer cette organisation
partout ailleurs qu'à Paris ; c'est encore
dans la crainte qu'une seule des écoles adhérentes à la grève générale constituât la
Confédération que des délégués blanquistes
ont demandé (mais sans succès), la récon-
ciliation générale des ouvriers sur le terrain politique. La lutte *contre* la grève
a été menée par Victor Dalle, Keüfer et
Edouard Treich (1), conseiller municipal de
Limoges, lequel n'était resté avec nous que
parce que flatté de l'honneur d'organiser le
Congrès, et peut-être (ambition bien haute
pour ses modestes capacités) dans l'espoir
d'enfermer le Congrès dans des votes mo-

(1) M. Treich était guesdiste. Il a quitté l'action socialiste et il est devenu receveur buraliste.

dérés et, par suite, d'amener un rapprochement avec la Fédération des syndicats. La lutte pour était menée par Allemane et ses amis.

« Mais ne nous payons pas de mots. Si la majorité a témoigné une désaffection absolument extraordinaire pour les politiciens de l'Union socialiste (*et notez, en passant, combien cette désaffection augmenterait vite, si, au lieu d'insulter ces hommes, ce qui, comme il arrive à tout individu persécuté, leur maintient encore quelques fidèles, la presse bourgeoise se mettait à faire autour d'eux et de leurs actes la conspiration du silence, ils n'y résisteraient pas un an*) si, dis-je, cette désaffection nous est fort agréable, nous ne nous dissimulons pas que le Congrès n'a pas fait une besogne positive bien remarquable, et que ce n'est pas encore l'année 1895-1896 qui verra la reconstitution de l'Internationale. Pensez que le Comité de la Confédération va se trouver composé, non pas d'hommes quelconques des diverses écoles, mais des chefs mêmes. Positivistes, broussistes, blanquistes, allemanistes vont être en présence. Vous concevez quelles rivalités vont naître, quelles querelles s'élever! Or, ces discussions (sans importance, si les membres étaient du menu fretin) vont désorganiser bien vite l'association. Il est infiniment probable que notre Fédération, si elle consent à y entrer, — ce qui n'est pas encore bien sûr, — n'y restera pas longtemps. Nous voulons, en effet, la tenir au-dessus des misérables querelles des partis pour lui éviter le discrédit. »

*
* *

La nouvelle organisation, qui était fondée à Limoges, devait comprendre :

I. Les syndicats.

II. Les Bourses du travail.

III. Les Unions ou Fédérations *locales* de syndicats.

IV. Les Fédérations départementales.

V. Les Fédérations nationales de syndicats de diverses professions.

VI. Les Unions ou Fédérations nationales de métier et les syndicats nationaux.

VII. Les Fédérations d'industrie unissant diverses branches de métiers similaires.

VIII. La Fédération nationale des Bourses du travail.

Cette Confédération devait être administrée par un Conseil national, composé d'un délégué pour chacune des organisations représentées, sauf pour les Fédérations de métier et la Fédération des Bourses qui avaient droit, chacune, à trois délégués.

Les cotisations mensuelles variaient de 1 à 10 francs, suivant le chiffre de leurs adhérents. 200 adhérents payaient 1 franc et 7.000, 10 francs.

CHAPITRE IV

Le Congrès international de Londres.

(1896.)

———✳———

On essaie de fermer la porte aux syndicaux ennemis de l'action directe et qualifiés d'anarchistes pour la circonstance. — Le positiviste M. Keüfer est un anarchiste en l'occasion. — A la grande stupeur des social-démocrates, les syndicaux ont une majorité d'une voix. — La Section française est divisée en deux représentations, sur la demande de M. Jaurès, allié de M. Guesde. — Conduite loyale de M. Vaillant.

Tranquillement et sans discussions oiseuses, les ouvriers français traitaient de leurs intérêts et discutaient les questions économiques, sans plus se soucier des politiciens socialistes, dont ils s'étaient brutalement affranchis en acceptant la grève générale. La grève générale fait penser à la croix dont se sert Faust pour exorciser Méphistophélès. Dès qu'un Congrès vote la grève générale, les politiciens s'enfuient éperdus. Ils sont prévenus que la grève générale, pure et glorieuse utopie, a pour but de séparer les citoyens en deux catégories, « ceux qui ne produisent rien et possèdent tout et ceux qui ne possèdent rien et qui produisent tout. » Et ici, il n'est question que de produits nécessaires. M. Jaurès ne produit que de l'éloquence, dont on peut se passer. Les ouvriers produisent *ce dont on ne peut se passer.* Qu'ils arrêtent leur production et voilà un pays livré à la misère; voilà, d'après les idées préconçues des ouvriers, la bourgeoisie acculée à la misère, obligée de capituler, voilà le triomphe de la classe ouvrière! Les ouvriers n'oublient qu'une chose, c'est qu'avec la grève générale ils ne peuvent réussir qu'à réduire la société à la condition d'une ville assiégée.

Les ouvriers étaient donc libérés de la domination des politiciens socialistes dans leur Congrès. Ils songèrent à passer de la tactique défensive à la tactique offensive et à vaincre la bourgeoisie socialiste sur un terrain où elle se croyait invincible.

La Social-démocratie est constituée par un certain nombre de banquiers, industriels ou intellectuels socialistes. Est-ce snobisme, conviction profonde, ambition politique ? — Il y a de tout cela dans le mouvement qui emporte les social-démocrates vers la révolution. Ils voient d'ailleurs cette révolution de la même façon que l'envisageaient les bourgeois *avancés* de 1789. — Ils espèrent bien prendre le pouvoir et se tenir à l'écart et au-dessus de la masse populaire, qui *aura encore besoin d'être gouvernée* et ne saurait se tirer d'affaire toute seule.

Aussi les syndicalistes ouvriers ont–ils en horreur les aspirants au gouvernement socialiste et dénoncent-ils leurs ambitions égoïstes ! — Je crois que M. Guesde est plus détesté dans les milieux parisiens que M. Clemenceau, surtout avant que M. Clemenceau ait pris le pouvoir !

****

Une grande bataille se livra à Londres, en juillet 1898, entre socialistes marxistes et ouvriers anarchistes ou simplement syndicalistes. L'arrivée inattendue de deux délégués ouvriers donna aux syndicalistes une majorité d'une voix. C'était modeste, sans doute, mais tellement imprévu !

Pour se débarrasser des syndicaux antiparlementaires, les marxistes avaient jusque-là employé le moyen commode de dénoncer en eux des anarchistes et de leur fermer la porte de leurs Congrès internationaux.

On essaya encore, cette fois, de leur fermer la porte.

Le règlement du Congrès était ainsi fixé :

« *Toutes les chambres syndicales ouvrières seront admises* au Congrès, *et aussi* les partis et organisations socialistes qui reconnaissent la nécessité de l'organisation des travailleurs et de l'action politique. »

Il y avait dans cette phrase une virgule gênante, qui empêchait de soumettre les syndicats à l'obligation de reconnaître l'action politique. Cette virgule dégageait les syndicats du billet de confession politique. M. Deville (guesdiste) soutint que cette virgule était une faute d'impression.

« Supprimez cette virgule qui est de trop, disait-il, et alors les délégués des syndicats devront déclarer, eux aussi, qu'ils reconnaissent la nécessité de l'action politique. »

« Mais, répondaient les syndicalistes, à ce compte, la Fédération des Bourses ne pourra être représentée, puisque son délégué est anarchiste, non plus que le Syndicat des chemins de fer (1) dont le mandataire est antiparlementaire. »

Il ne s'agit pas, dit à son tour M. JULES GUESDE, d'un Congrès corporatif, mais d'un Congrès socialiste. L'action corporative se cantonne sur le terrain bourgeois, elle n'est pas forcément socialiste, et elle existait avant que le socialisme fût organisé. *L'action corporative est une simple interprétation de l'ordre capitaliste.* — La classe ouvrière ne

(1) M. Pelloutier et M. Eug. Guérard.

peut pas se désintéresser du gouvernement. C'est au gouvernement, c'est-à-dire au cœur, qu'il faut frapper. Dans ce Congrès, il n'y a pas place pour les ennemis de l'action politique. Ce n'est pas de l'action corporative qu'il faut attendre la prise de possession des grands moyens de production. Il faut d'abord prendre le gouvernement qui monte la garde autour de la classe capitaliste. Ailleurs, il n'y a que mystification; il y a plus, *il y a trahison.* Des camarades s'imposeraient à nous, au nom de la liberté, pour aliéner la nôtre? *Ceux qui rêvent une autre action n'ont qu'à tenir un autre Congrès!* »

Mais toute la dialectique de M. Guesde, toute son éloquence si forte et si vibrante, quand on la compare surtout à l'éloquence floue et grandiloquente de M. JAURÈS, toute sa conviction se brisa contre ce fait :

Deux délégués de Bourses du travail étaient arrivés à Londres dans la journée. Ils venaient en retard, mais assez à temps pour donner *une voix de majorité* aux syndicalistes alliés aux allemanistes, contre les guesdistes.

Les social-démocrates ne purent rendre qu'un service à M. Guesde et à M. Jaurès, qui était son allié en l'occurrence et qui n'avait alors que mépris et haine contre les syndicalistes. Ils scindèrent la représentation française en deux fractions et en firent deux nations distinctes. La fraction majoritaire comptait parmi ses membres des hommes de la valeur et de la modération de M. Keüfer : cela n'empêche pas les social-démocrates de proclamer anarchistes les membres de la majorité.

Seul, M. Edouard Vaillant se déclarait favorable à l'admission des syndicalistes. Il était partisan, ainsi qu'il nous l'écrivait (1), de l'organisation économique du prolétariat *en dehors de tout cadre politique,* « afin que toutes les formes corporatives unitairement organisées puissent, *sans division et sans aucune ingérence politicienne,* mener librement la lutte économique contre le patronat, contre le capitalisme. »

____

(1) *Revue bleue* du 29 août 1896.

CHAPITRE V

Les Congrès de Tours.

Ve Congrès de la Fédération des Bourses et IIe Congrès de la Confédération générale du Travail (Sept. 1896). — Le retour des vainqueurs de Londres. — Le Syndicalisme. — Le rôle des Bourses pour le moment et dans la société future. — Bureaux de statistique pour la production et la consommation. — La Confédération. — La question de la grève générale. — La question du journal confédéral.

De retour de Londres, les syndicalistes victorieux se réunirent à Tours et y tinrent leurs deux Congrès successifs : celui des Bourses et celui de la Confédération.

La Fédération des Bourses comptait alors quarante-quatre Bourses du travail. Son Congrès fut sans grand éclat.

Des rapports très complets de MM. Claude Gignoux et Victorien Brugnier d'une part, et de l'autre, de M. Pelloutier, au nom du Comité fédéral, furent déposés sur le rôle actuel des Bourses et sur leur rôle dans la société future. Les révolutionnaires étaient pressés. Il eût peut-être été préférable d'examiner seulement la condition actuelle.

Le rôle actuel était d'enregistrer les demandes et les offres d'emploi et le niveau du marché du travail. Pendant que les syndicats, fédérations, avaient un rôle de préparation de grèves et de combats, la Fédération des Bourses devait conserver sa mission d'organisation et d'éducation, centralisant et publiant des documents sur les conditions du travail, les salaires, les frais d'entretien, le placement, la lutte contre le chômage, la constitution de bibliothèques, de conférences et de cours professionnels.

Mais, plus tard ? Plus tard, chaque métier est organisé en syndicat, chaque syndicat nomme un Conseil *professionnel* du travail et les syndicats sont fédérés nationalement et internationalement.

Toutes les propriétés sont socialisées, mais

non par des corporations ouvrières qui se feraient concurrence et se disputeraient entre elles. « Il faut à la société tant de blé, tant de vêtements, les agriculteurs et les tailleurs d'habits recevront en valeur d'échange les moyens de consommer les produits fabriqués par les autres travailleurs. » Les Bourses fixent la quantité de produits à fournir, en avisent les Conseils professionnels de chaque corporation qui distribuent la besogne à effectuer entre tous les membres de la profession.

Par leurs statistiques, les Bourses connaissent la *production excédante ou manquante* de leurs milieux ; elle détermineront l'échange des produits entre les territoires spécialisés par leur production. Ainsi le Creusot, pour la métallurgie ; Limoges, pour les porcelaines ; Elbeuf, pour les draps, produisent des valeurs d'échange qui permettront à leurs populations de s'approvisionner de tout ce qui est nécessaire à leur entretien. *La statistique rétablit l'équilibre pour la répartition du travail et la répartition de la richesse.*

****

La question capitale du Congrès des Bourses porta sur les rapports que la Fédération devait entretenir avec la Confédération. Celle-ci allait-elle englober les syndicats isolés ? Alors c'était une simple concurrence ! Mais si elle consentait à restreindre son action et à se contenter d'englober les Fédérations de syndicats avec la Fédération des Bourses, celle-ci aurait pu accepter de s'affilier à la Confédération.

****

Le Congrès de la Confédération succéda à celui de la Fédération des Bourses. Cette nouvelle institution était loin d'avoir donné tous les résultats qu'on en avait espérés. Elle n'allait pas encore en donner de merveilleux, à cause du refus de la Fédération des Bourses à s'y affilier et s'y annexer.

Depuis le Congrès de Limoges, trente-quatre organisations seulement avaient versé, chacune une cotisation de 2 francs, comme pre-

mière mise de fonds, et les cotisations an-
nuelles ne s'étaient élevées qu'à 740 fr. 50;
somme insuffisante pour remplir le plan
audacieux que s'était assigné la Confédération, de renverser le vieux monde.

La Confédération désormais ne devait être
composée que de fédérations et écarter d'elle
les syndicats isolés. Elle ne devait pas constituer une hiérarchie supérieure, mais
servir simplement de point de contact entre
les diverses organisations déjà centralisées.
Mais la Fédération des Bourses restait à
l'écart. Or *elle seule pouvait constituer la
force de la Confédération.* Elle comptait
686 syndicats sur les 826 que s'attribuait
la Confédération.

***

On discuta vigoureusement, au Congrès
confédéral, de la grève générale.

M. MAYNIER, de la Chambre syndicale
parisienne des typographes, montra inutile-
ment que sur 512.500 ouvriers, 28.582 seu-

lement étaient syndiqués et 12.659 payaient régulièrement des cotisations. Pouvait-on compter sur des gens qui n'avaient même pas le courage suffisant pour payer leurs cotisations ?

M. Guérard, par contre, essaya de prouver la possibilité de la grève générale, en commençant par celle des ouvriers de chemins de fer. L'événement devait bientôt lui prouver que ses calculs étaient faux et téméraires.

La conquête des pouvoirs publics, disait-il, est une chimère. Il n'y a que trois ou quatre députés socialistes sur 585 et on ne compte que 150 municipalités acquises au socialisme sur 36.000 communes. Les grèves partielles échouent, parce que les ouvriers se démoralisent et succombent sous l'intimidation du patronat protégé par le Gouvernement. Il ne reste plus qu'un moyen, la grève générale, qui ne peut durer longtemps et dont la répression est impossible. La nécessité de défendre les usines, les ateliers, les manufactures, les magasins, obligerait l'armée à s'éparpiller jusqu'à l'émiettement. Enfin, dans la crainte de voir les grévistes détériorer les voies de chemins de fer, le Gouvernement serait obligé de protéger les trente-neuf mille kilomètres du réseau ferré, en échelonnant la troupe le long des voies. Les 300.000 hommes d'armée active, chargés de cette surveillance, seraient isolés l'un de l'autre de 130 mètres, et encore à la condition d'abandonner la protection des gares, des dépôts, des manufactures, des usines... et de livrer les patrons à eux-mêmes, en laissant le champ libre aux travailleurs révoltés (1).

(1) M. Guérard ne tient pas compte de deux considérations :

1° Le Gouvernement, représentant de la Société capitaliste, ayant affaire à une lutte sans merci, emploiera les moyens les plus rigoureux. Il convoquera toutes les troupes de réserve, de territoriale et de réserve de territoriale. Et il aura facilement raison des gens calmes et habitués depuis longtemps à l'obéissance et à la servitude, qui composent la majeure partie de la classe ouvrière.

2° Le Gouvernement a depuis longtemps préparé un plan de résistance à opposer au dernier des révolutionnaires (si même ce dernier est sérieusement établi). Et le plan de défense sociale n'est pas fixé d'après des possibilités et des probabilités, mais sur des certitudes. On sait quel est le nombre de soldats qui doivent occuper tel poste, quels sont ces soldats, et dans quel laps de temps ils seront rendus au point qui leur a été assigné.

— La grève générale, ajoutait M. Guérard, qui se montrait mauvais prophète en l'occurrence, éclatera subitement par une grève des chemins de fer, qui sera le signal de la grève générale. *Aux militants, à ce signal, de faire quitter le travail à leurs camarades des syndicats ! Ceux qui travailleront ce jour-là, on saura bien les en empêcher par la force.*

Le Congrès de 1896 eut à s'occuper encore de la création d'un journal corporatif et se contenta d'en faire un magnifique projet. Le journal devait *compter sûrement* 500.000 abonnés, 500.000 syndiqués et, paraissant chaque jour, réaliser au bout de l'année un bénéfice net de 200.000 francs par mois ou 2 millions et demi par an. Tout était prévu avec précision, tout, sauf le dévouement des ouvriers à s'abonner au journal corporatif. — Ce vaste projet n'eut pas de suite.

Les révolutionnaires, au contraire, sont obligés de préjuger les dispositions des ouvriers qu'ils veulent lancer à l'assaut de la propriété capitaliste et leur courage à affronter l'armée de défense de la Société. Il serait possible qu'ils éprouvassent bien des mécomptes à employer cette méthode osée.

CHAPITRE VI

Les Congrès de Toulouse.

(1897.)

Il est question de la suppression de la Fédération des Bourses. — Modification aux statuts. — Le boycottage, le ca-canny et le sabotage.

Toulouse fut la ville désignée comme siège aux deux Congrès de la Fédération des Bourses et de la Confédération du Travail. La lutte continua entre ces deux Fédérations, la première ayant peur d'être absorbée par la seconde et voulant faire prévaloir sa suprématie dans le monde du travail ; la seconde voulant réaliser son but et englober toutes les forces syndicales.

La Fédération des Bourses comptait alors 40 Bourses du travail sur 47 existantes et 627 syndicats.

A ces Bourses le secrétaire général, Pelloutier, assignait deux objets principaux :

1° Les Bourses ne devaient pas être uniquement des instruments de lutte contre le capital, mais des cellules de la société syndicaliste future, des institutions pouvant s'adapter à cette société rêvée.

2° Leur propagande ne devait pas se restreindre aux ouvriers industriels, mais s'appliquer à tous les autres ouvriers : ouvriers des campagnes, marins, travailleurs des ports. A la campagne cette propagande devait se faire par l'entremise des petits ouvriers villageois : ouvriers forgerons, charrons, menuisiers, qui formaient le chaînon devant relier les ouvriers des villes aux cultivateurs et aux ouvriers agricoles.

A ce Congrès la question fut posée de la suppression de la Fédération des Bourses et de sa fusion complète avec la Confédération. Les Bourses de Limoges et d'Angers demandèrent un vote formel sur cette grave question. Elles seules votèrent dans ce sens ; vingt-sept se déclarèrent hostiles à cette proposition et sept s'abstinrent.

***

Le Congrès de la Confédération qui suivit et qui était le troisième depuis Limoges, admit les Bourses du travail avec représentation effective et composa la Confédération des éléments suivants :

I. La Fédération des Bourses.

II. Les Fédérations nationales et les syndicats nationaux (telles que le syndicat des chemins de fer qui, malgré son nom, est une véritable fédération).

III. Les Fédérations locales de métier et les syndicats isolés dont les professions ne sont pas constituées en fédération.

Le Comité confédéral était constitué par le Conseil national des Fédérations de métier et le Comité fédéral des Bourses. — Ces deux Comités gardaient leur autonomie morale et financière et ne se réunissaient en un Comité unique que pour l'organisation des Congrès, l'unification de l'action corporative et le jugement des dissentiments qui pouvaient s'élever entre syndicats ou Fédérations et Bourses du travail. M. Guérard eût voulu que les syndicats isolés fussent acceptés. Cette acceptation n'eût pu se faire qu'au détriment des Fédérations qui se seraient émiettées et disloquées. Aussi cette théorie fut-elle rejetée.

A ce Congrès de Toulouse, M. DELESALLE, qui est anarchiste, traita longuement de la question du *boycottage,* du *ca-canny* et du *sabotage.* Son rapport est intéressant. Le principe en fut admis avec enthousiasme. Ces procédés de lutte ne sont cependant pas très employés (1).

M. POUGET, qui est également anarchiste, conseille aux travailleurs municipaux de la Ville de Paris, qui ont à se plaindre du préfet

(1) Nous avons donné ces rapports très en détail dans le Ier volume des « *Congrès Ouvriers* », A. Colin, édit.

de la Seine, de faire cent mille francs de dégâts dans le service de la Ville de Paris. Cela vaudra mieux qu'une plainte qui ne sera pas écoutée.

CHAPITRE VII

Les Congrès de Rennes.

(1898.)

— ✦ —

Congrès des Bourses. — Hostilité violente entre les deux Fédérations et les deux secrétaires : Pelloutier, secrétaire général des Bourses, et Lagailse, secrétaire général de la Confédération. — Discussion sur le viaticum. — La propagande chez les marins et dans les campagnes. — Congrès de la Confédération. — Lutte entre socialistes et libertaires. — Le système de votation. — La représentation proportionnelle. — Victoire des anarchistes et triomphe du Père-Peinard. — Les relations entre les deux Fédérations. — Déclaration de l'autonomie de chacune.

La Fédération des Bourses et la Confédération tinrent successivement leur Congrès, en septembre, à la Bourse du travail de Rennes.

L'hostilité entre les deux organisations s'accentue. C'est Lagailse, secrétaire général de la Confédération, qui mène le combat contre Pelloutier, secrétaire général de la Fédération des Bourses.

Au Congrès des Bourses, douze de ces établissements sont directement représentés, cinq autres sont représentés par délégation.

Diverses questions furent assez sérieusement étudiées à ce Congrès, trois surtout :

Le viaticum.

La propagande chez les marins et chez les paysans.

Les rapports à établir entre la Fédération et la Confédération.

Le *viaticum* est le secours de voyage que les Bourses doivent attribuer aux chômeurs en quête de travail, à travers les villes industrielles.

La Caisse destinée à venir en aide aux chômeurs ambulants devait être constituée, dans chaque Bourse, par une cotisation mensuelle de 10 centimes par syndiqué et par le produit des fêtes, collectes et tombolas.

Pour avoir droit au secours de route, le syndiqué devait prouver qu'il appartenait depuis trois mois au moins à son association, qu'il n'avait quitté sa localité que par manque de travail ou pour avoir accompli « un acte de solidarité ouvrière ». Le taux du subside était fixé au taximètre. Pour toute distance de 40 kilomètres, le quêteur de travail recevait un premier secours de 2 francs, puis 75 centimes par fraction de 20 kilomètres, jusqu'à concurrence de 200 kilomètres. A son arrivée, le fédéré nomade apprenait à la Bourse l'adresse du syndicat de sa spécialité, où on lui donnait toutes les indications nécessaires pour qu'il pût trouver de l'ouvrage. Sa visite dans chaque atelier était affirmée par la signature d'un des syndiqués de l'atelier. Le visa de départ, c'est-à-dire l'autorisation de se remettre en route, n'était donné qu'après attestation du secrétaire du syndicat ou de la Bourse que le chômeur s'était présenté dans tous les ateliers et n'avait pas refusé un embauchage au tarif ordinaire. Il ne pouvait recevoir plus de

150 francs en trois ans. D'autres prescriptions avaient pour but de l'empêcher de s'embaucher dans des maisons ne payant pas le tarif fixé par le syndicat, ou de venir faire concurrence aux autres ouvriers qui se seraient mis en grève pour une question d'insuffisance de salaire.

A la fin de l'année, les charges des Bourses étaient égalisées, en tenant compte du nombre de leurs membres, de façon que des Bourses pauvres, mais installées sur une voie fréquentée, n'eussent pas à supporter toutes les charges de l'institution nouvelle et que des Bourses riches isolées des grandes voies de communication fussent entièrement libérées de ces charges.

Il y avait bien quelques critiques soulevées contre le *viaticum*. PARIS, en effet, (Paris était le nom sous lequel se cachait de la façon la plus anonyme le délégué de la Bourse de Paris, M. Besombes) Paris constatait que certains ouvriers parisiens ne voyagaient pas, puisque leur métier ne s'exerce qu'à Paris. Ceux-là ne refuseront-ils pas d'adhérer à un projet dont ils n'auront jamais l'occasion de tirer parti? D'autre part, on n'a pas tenu compte de ce que de nombreux étrangers viennent en France, des typographes surtout, ne sachant point parler français et par conséquent impossibles à placer, et se promènent aux frais de la Fédération française du Livre.

NIMES répondit à PARIS que le but principal du *viaticum* est de resserrer les liens de confraternité qui doivent unir les salariés et d'unifier l'organisation ouvrière internationale. Le *viaticum* empêche l'ouvrier de se livrer au *sarrazinage* ou à la mendicité.

* * *

La propagande chez les marins et dans les campagnes s'offrait comme deuxième objet des discussions du Congrès des Bourses. Chez les marins, très individualistes, la propagande socialiste est difficile à organiser. Pour les paysans, il fallait d'abord gagner à la cause les demi-paysans, ouvriers des villages, charrons, forgerons, menuisiers, charpentiers. Il devaient faire le trait d'union entre l'ouvrier d'usine et le paysan petit propriétaire. Les congressistes oubliaient que ces ouvriers villageois sont généralement patrons et travaillent sans ouvriers ou bien avec un compagnon qui est assuré de devenir patron à son tour.

****

Enfin, pour les rapports à établir entre la Fédération des Bourses et la Confédération générale du Travail, il fut décidé que les représentants des Bourses demanderaient au Congrès confédéral que la Confédération fût uniquement composée :

1° Des Bourses du travail ;

2° Des Unions nationales de métier ;

Cette Confédération n'ayant pour but que *d'arrêter sur les faits d'ordre général une tactique commune*, et la réalisation de cette tactique restant aux soins et à la charge des fédérations adhérentes qu'elle concerne.

****

Le Congrès confédéral de Rennes, qui succéda immédiatement au Congrès des Bourses, débuta par un rapport violent et rempli d'acrimonie du secrétaire général de la Confédération, M. LAGAILSE, contre le secrétaire général de la Fédération des Bourses, PELLOUTIER, et les autres membres du Comité de cette Fédération.

Ceux-là étaient nettement traités d'anarchistes ; M. LAGAILSE leur reprochait — non sans raison — leur mépris de l'action politique.

« Plus d'un organisateur de syndicat, écrivait-il dans son rapport, en arrive à nier l'action politique, ne pensant pas que, si son avis prédominait, le prolétariat resterait désarmé devant le capitalisme maître du pouvoir, *sur le champ de bataille où il importe le plus de vaincre*, car c'est là où il conquerra son émancipation. »

C'était la lutte ouverte entre les socialistes de la Confédération et les anarchistes de la

Fédération. Cette lutte ne devait prendre fin que par l'entrée victorieuse des anarchistes des Bourses au Comité confédéral. Cela ne devait pas tarder. Déjà M. DELESALLE, collaborateur aux *Temps Nouveaux* de Jean Grave, avait réussi à se faire nommer secrétaire général adjoint de la Confédération.

PELLOUTIER, au dire de M. LAGAILSE, aurait redouté l'accaparement de toutes les organisations *cotisantes* par la Confédération et vu dans ce fait un grave danger pour son traitement. Si toutes ces organisations étaient acceptées isolément par la Confédération et y passaient avec armes et bagages, la Fédération des Bourses n'avait plus de raison d'exister et les gros émoluments du secrétaire (100 fr. par mois) ne pourraient être payés.

Les séances de la Confédération ne réunissaient que trois ou quatre membres. — « Voyez cette *gueuserie*, dit M. LAGAILSE. Voyant qu'on n'avait pu se faire *maître* dans la place, les délégués de la Fédération des Bourses ne viennent plus aux séances du Comité confédéral. »

Et, à la suite, M. LAGAILSE adresse à PELLOUTIER les aménités les plus choisies. « Citoyen Pelloutier, vous avez menti !..... Depuis le jour où toutes vos saletés ont été mises à découvert, vous auriez dû vous terrer !... »

***

Une question qui intéressait particulièrement le Congrès corporatif était celle de la votation.

Le syndicat puissant des chemins de fer, dirigé et représenté ici par M. GUÉRARD, avait fait la proposition suivante :

« Les votes sur les questions de principe auront lieu en tenant compte de l'importance numérique des syndicats. »

Et comme le syndicat des chemins de fer accusait 75.000 membres (ce qui d'ailleurs était *légèrement* exagéré), le syndicat devenait maître de la Confédération, était à lui seul la Confédération, faisait la loi à tous les petits syndicats confédérés.

A cette proposition, les anarchistes répondaient que le rôle du Congrès n'était pas d'imposer les décisions de la majorité et de légiférer, mais simplement d'enregistrer l'orientation des divers groupes et la façon dont ils comprennent la tactique. Les résolutions ne devaient pas être prises sous l'influence de la majorité, mais à la suite des discussions et la conviction devait se faire, non par des votes, mais par la meilleure argumentation.

Trois systèmes furent proposés :

— Voter par délégués sans tenir compte du nombre des mandats ni du nombre des syndiqués.

— Donner aux syndicats un nombre de voix proportionnel au chiffre de leurs adhérents.

— Accorder à chaque délégué autant de voix qu'il a de mandats, sans tenir compte de la force numérique de chaque syndicat.

Le premier système avait pour résultat de donner la prépondérance à la ville où se tenait le congrès.

Le deuxième était répudié par tous les petits syndicats.

Le troisième fut admis, sur l'insistance de Pelloutier, et pour la raison que les syndicats n'avaient pas à faire connaître leur force, ou plutôt leur faiblesse numérique. Cet aveu, dépouillé d'artifice, ne pourrait que nuire gravement aux syndicalistes, dont la force est réelle, mais plutôt *force morale* que force numérique.

Le *Père Peinard*, journal anarchiste de M. POUGET célébrait cette victoire en termes dithyrambiques. « Voilà que se brise le dernier lien qui rattachait les syndicats au parlementarisme et à l'autoritarisme. Plus de majorités, plus de minorités, plus de dominants et de dominés, plus de discussions acrimonieuses ! »

**

Restait à régler la grande dispute depuis si longtemps engagée entre la Fédération et la Confédération. PELLOUTIER avait été attaqué par LAGAILSE ; il attaqua violemment son adversaire et dénonça la tactique qui voulait démolir non pas sa personnalité à lui, mais la Fédération des Bourses dont la Confédération était jalouse.

On avait commencé par séparer la Fédération et la Confédération, puis on les avait réunies malgré leur incompatibilité d'humeur. Il s'agissait de revenir à l'ancien système. On s'y résigna, en rendant à chaque Fédération son autonomie. Ce fut pour peu de temps.

D'après la décision de Rennes, les deux Fédérations ne pouvaient se réunir que par intermittence et dans des cas urgents, et encore lorsqu'elles y apporteraient leur consentement mutuel.

Pour qu'on ne puisse invoquer des acrimonies personnelles, PELLOUTIER déclara qu'il ne serait jamais candidat au secrétariat confédéral, et M. Lagailse donna sa démission de secrétaire de la Confédération. M. Eug. Guérard le remplaça.

CHAPITRE VIII

Les Congrès de Paris.

(Septembre 1900.)

L'année 1899 fut fertile en événements divers (tentative de Paul Déroulède, aux obsèques du président Félix Faure, de soulever l'armée, manifestations contre M. Loubet à Auteuil et à Longchamps, constitution du cabinet Waldeck-Rousseau-Millerand, unification des partis socialistes politiques). Il n'y eut cependant pas, cette année, de congrès corporatifs.

Ce n'est qu'en 1900, en septembre, que se tiennent le huitième Congrès de la Fédération des Bourses et le cinquième Congrès de Confédération du Travail.

Au Congrès des Bourses trente-quatre organisations sont représentées. PELLOUTIER, secrétaire fédéral, demande à la Fédération de refuser d'adhérer à la Confédération. Les rôles de l'une et de l'autre sont complètement distincts. La première a surtout un travail administratif, un rôle d'organisation ; la seconde a pour mission d'agiter le pays, de faire de la propagande syndicale. Ces deux organisations doivent avoir une marche parallèle, sans jamais se confondre, ni surtout se combattre.

Il est un autre écueil à éviter, c'est que la Confédération puisse englober les Fédéra-

tions régionales, les Fédérations départementales, puis les Bourses et les syndicats,
de telle façon que la même organisation pourrait se trouver représentée trois ou quatre
fois : 1° comme syndicat ; 2° par la Fédération locale ; 3° par la Bourse du travail ;
4° par l'intermédiaire de la Fédération des
Bourses. C'est un projet ridicule ! La Fédération des Bourses n'aurait plus alors de
raison d'être et on lui enlèverait tous ses
éléments constitutifs.

Que les Bourses isolément adhérent, s'il
leur plaît, à la Confédération ; mais admettre
l'adhésion de la Fédération des Bourses, ce
serait une superfétation.

Un vote du Congrès déclare que *la Fédération ne pourra adhérer à la Confédération.*

*
* *

A propos du *viaticum* qui avait été
instauré dans un précédent Congrès, certaines Bourses déclarèrent que les fédérations de métier seraient bien mieux placées

pour l'organiser que les Bourses du travail. C'est l'évidence même, car il y a des métiers qui n'ont pas besoin de « voyager » pour trouver du travail. Et il paraît excessif de réclamer aux gens de ces métiers des sacrifices qui ne peuvent jamais leur être profitables. Mais le rôle des Bourses semble bien devoir être celui de cercles, et aussi d'hôtelleries du prolétariat. — Les exemples du compagnonnage doivent être utilement imités, et la Bourse, asile des chemineaux en quête de travail, semble être le type idéal de ces institutions, d'autant mieux qu'elles sont le plus souvent subventionnées par les municipalités et que leur rôle d'hospitalisation a pour conséquence de réduire les frais d'assistance des villes traversées par les malheureux ouvriers sans travail. — Et il existe des exemples intéressants de cette hospitalisation du prolétariat chez le prolétariat. A Nantes, par exemple, la Bourse fournit aux chemineaux un local, de la vaisselle pour faire leur cuisine et des hamacs pour se coucher. Peu d'exemples de solidarité et de secours mutuel sont plus intéressants. Cela rappelle l'hospitalité antique et la confiance que l'on fait à des frères malheureux.

A Angers, la Bourse donnait à ses visiteurs un bon de deux repas et un coucher, et en plus un subside de « cinq sous de poche ».

Certaines villes sont favorisées et ont très peu de chemineaux à secourir. Ainsi en est-il de Nice. Ce qui lui permet de donner « 1 fr. 25 par jour pour le manger ».

D'autres villes, comme Lyon et Saint-Etienne, sont des villes de passage et devraient secourir cent ou deux cents passagers par mois : ce qui les force à se montrer parcimonieuses.

Aussi la Bourse de Montpellier se montre-t-elle hostile au *viaticum*. « *Il y a des passages trop fréquentés !* » Elle donne cependant 50 centimes par jour et 30 centimes pour le coucher ; mais elle se ruine à ce jeu.

A Lyon, un autre système est employé, plus égoïste peut-être. Quand un camarade de Lyon est obligé de partir, on lui remet un subside de 20, 30 et 50 francs.

A Bordeaux, chaque ouvrier qui se présente, et qui est en règle pour ses cotisations, reçoit un secours de 2 francs.

Albi n'a pu organiser de *viaticum*, parce qu'il lui manque un secrétariat permanent. D'ailleurs, les syndicats se sont opposés à cette organisation par la Bourse du travail, parce que le système kilométrique admis par certaines Fédérations de métier est plus avantageux que le système à forfait de la Fédération des Bourses. Ainsi, un syndiqué de la Fédération du Livre, par le système proposé, ne toucherait que 2 fr. 50 ou 3 fr. tandis qu'il reçoit de sa Fédération 4 francs ou 4 fr. 50.

Les Bourses, comme celle d'Alger, montrent l'impossibilité presque absolue qu'elles auraient à organiser le *viaticum*, à cause des longues distances qui les séparent des Bourses les plus proches. D'Alger à Constantine, on devrait payer 28 francs; d'Alger à Oran, 25 francs; d'Alger à Marseille, 10 ou 15 francs au minimum.

PELLOUTIER résuma la discussion et conclut qu'il était nécessaire que, tous les trois mois, la moyenne des dépenses par Bourse fût établie, et que les Bourses qui auraient versé moins que la moyenne fussent tenues de restituer à celles qui auront versé plus : il y aura donc égalité de traitement, et les Bourses, qui se trouvent sur les routes fréquentées par les chômeurs, ne pourront se plaindre d'être exploitées par les ouvriers appartenant à des Bourses isolées.

On a l'habitude de dire, ajoute PELLOUTIER, que l'organisation du *viaticum* devrait incomber aux Fédérations de métier. Sans doute, elles seraient plus aptes à organiser le *viaticum* ; mais elles n'ont qu'un défaut, celui de ne pas exister. Jusqu'à présent il n'y a qu'une Fédération ayant organisé le *viaticum* : celle des travailleurs du Livre.

La Fédération des Bourses est-elle donc incapable d'organiser le *viaticum ?* Nullement. La dépense la plus forte qui ait été faite pour organiser cet utile service a été de 18 centimes par adhérent aux Bourses, et ce cas fut exceptionnel. A la Fédération des Bourses, cette charge ne dépasse pas 10 centimes par tête. Parmi les typographes il y a de nombreux nomades, tandis que dans l'ensemble des corporations il y en a fort peu.

Par 17 voix contre 9 et 7 abstentions, le principe du *viaticum* fut accepté.

***

M. Lévy était délégué à l'Office de statistique et de placement.

Des cordonniers de Villeneuve-sur-Lot, dit-il, nous préviennent qu'ils ont des emplois vacants. Nous prévenons les Bourses de cette demande de travail et nous fournissons à Villeneuve-sur-Lot des syndiqués et des ouvriers capables. Pour l'installation de ce service, le ministère du Commerce a fourni un subside de 10.000 francs par an et la Ville de Paris un autre de 2.000 francs. Les autres ministères procurent des renseignements très utiles sur l'importance des travaux qu'ils ont à effectuer et sur le nom des entrepreneurs et la date des adjudications : ce qui permet de répartir la main-d'œuvre inactive. D'autre part, l'Office empêche l'exode de la main-d'œuvre dans les localités où cet afflux pourrait empêcher le succès d'une grève. La ville où une grève existe est mise à l'index et privée de main-d'œuvre étrangère. Les Bourses remplissent ainsi leur rôle primitif et utile de marchés du travail. Ce système a encore pour but d'égaliser les salaires. On vient demander des peintres. La première question est celle-ci : Que donnez-vous ? Et la réponse : 75 centimes à Paris et 60 centimes en province ; or, il y a des villes en province où l'ouvrier peintre n'est encore payé que 35 centimes.

Le service de statistique et de placement était en outre tout à fait indiqué, au lendemain de l'Exposition. Il se chargeait de la répartition, sur les chantiers de travaux publics en province, des ouvriers laissés en chômage par la fin des travaux de l'Exposition.

Pelloutier était à ce moment enquêteur à l'Office du Travail. Il recevait pour cette fonction la modeste somme de 1.800 francs, qu'il joignait à celle de 1.200 francs que lui valait son poste de secrétaire de la Fédération des Bourses. « Lyon » l'entreprit à ce sujet. Il devait opter entre les deux situations ! Il ne pouvait être le secrétaire d'une *organisation révolutionnaire* et l'employé d'un ministère de *défense capitaliste*.

Pelloutier se défendit vigoureusement contre ces attaques. -- Quel est le but de l'Office du Travail ? Editer un bulletin de statistique et de documentation, publier la statistique des grèves, produire des monographies de syndicats et d'associations ouvrières ! Collaborer à de semblables travaux n'a pas empêché le secrétaire de la Fédération de rester indépendant et antigouvernemental. Il n'a *même pas de bureau* au ministère. Il demanda que les Bourses voulussent bien lui conserver leur confiance.

***

Une question fort importante fut soumise au vote du Congrès : il s'agissait de la création d'un *Musée du travail*, possédant autant de sections qu'il y a d'unions ouvrières locales, et annexant, à l'échantillon des produits manufacturés, toute son histoire. De telle sorte qu'il serait possible de connaître en quelques minutes d'où vient un tissu exposé, les contrées diverses où il est fabriqué, le prix des matières premières, le prix de revient, le nombre d'ouvriers qu'exige la fabrication, leurs salaires, ce qu'ils dépensent pour vivre, combien ils travaillent d'heures par jour et de jours par an, le prix de vente en gros et en détail du tissu, le nombre, la nature et la productivité des machines qui l'ont tissé.

Cette idée fort intéressante ne reçut même pas un commencement d'exécution. PELLOUTIER, qui en était l'auteur, mourut sans avoir pu la réaliser. Nous ne doutons pas qu'elle ne soit reprise et que sa réalisation ne soit un indice extrêmement précieux pour l'établissement des salaires et la constitution des contrats de travail.

Le Congrès discuta également la question du *label* et des relations à établir entre les Bourses du travail et les ouvriers devenus soldats.

Les syndicats devaient organiser le sou du soldat et envoyer de temps à autre un écu de cinq francs aux syndiqués sous les drapeaux; et aussi les Bourses du travail des villes de garnison devaient attirer à elles les syndiqués soldats, les catéchiser et en faire des agents de l'antimilitarisme à la chambrée.

* *
*

Le *Congrès confédéral* (Vᵉ Congrès de la Confédération) qui suivit le Congrès des Bourses et se tint également à Paris (du 10 au 14 septembre 1900) eut à étudier le même cycle de questions, qui forme le programme immuable de chaque Congrès.

Au sujet du *label*, M. MAYNIER s'indigna des vêtements à 10 francs, présentés par un journal soi-disant socialiste, *La Petite République*, et raconta qu'un ouvrier canadien, qu'il avait interrogé sur le *label*, s'était déshabillé devant lui, pour toute réponse, et lui avait montré que tout son accoutrement, chapeau, bottines, veston, gilet, bretelles, chemise,..... portait la marque syndicale.

Lorsqu'on vanta les avantages du *sabotage*, le président qui est M. COPIGNEAUX déclara qu'il considérait ce procédé comme plus nuisible qu'utile aux intérêts des travailleurs et comme répugnant à la dignité des ouvriers.

On passe à la propagande à faire dans les campagnes. « Nous pouvons trouver un point d'appui, dit M. SÉMANAZ, chez les petits propriétaires qui, après tout, ne forment pas une partie intégrante de la classe capitaliste et n'ont pas d'ouvriers à leur service. »

« — Mais, réplique M. LIÉNARD, nous

n'allons cependant pas copier l'abbé Lemire et le comte de Mun ! »

Au sujet de l'antimilitarisme, M. Briat raconte que, pendant les grèves du Doubs, il a pu s'introduire dans un casernement de dragons, sur la propriété même de M. Japy, et y faire une propagande utile. A Bourges, il a donné une conférence à laquelle assistaient un capitaine et quarante soldats. Aucun n'a été puni. Il faut remettre à chaque syndiqué partant au service une pièce d'identité qui leur permette de se faire reconnaître des Bourses du travail de leurs villes de garnison. Il serait aussi nécessaire de faire dans les Bourses une conférence aux conscrits pour les avertir de leurs devoirs.

« Je citerai un exemple, ajoute M. Briat; un soir, une compagnie du génie venait de faire un exercice de nuit; il passait six jeunes gens sur la place, lorsque ces jeunes gens conseillèrent aux soldats de ne pas obéir aux ordres du capitaine; le capitaine, entendant ces propos, donna ordre à ses soldats d'arrêter les jeunes gens, mais aucun ne bougea. — Vous voyez que l'effet de la propagande se produit tout de même ! »

M. Briat fait également un très intéressant exposé de la grève générale. « C'est la grève des bras croisés. C'est l'ouvrier restant chez soi et mettant hors de la légalité les employeurs qui voudraient de force le faire sortir. »

La grève générale, dit à son tour M. Bourchet (de Lyon), correspond admirablement à l'état d'esprit de l'ouvrier franrais. C'est la lutte la mieux appropriée à la situation des syndicats sans force et sans argent, mais prêts à toutes les violences qu'inspire le désespoir, alors que des syndicats riches pourraient hésiter à compromettre leur fortune et leur puissante organisation dans une aventure dont le succès ne peut être affirmé d'avance.

M. Braun se méfie de l'influence des politiciens et de leur intervention dans la grève générale. « S'ils voulaient imposer leur autorité, il faudrait les mettre avec les bourgeois et *les supprimer*. »

Mais, réplique M. BOURDERON, si les bourgeois vous prenaient au mot et déclaraient eux-mêmes, eux d'abord, *la grève des bras croisés,* que feriez-vous ? Ce serait *la grève des bras croisés forcés.* Il faut se préparer à ce « moment psychologique » que vous ne serez pas libres de choisir, il faut que vous restiez l'arme au pied et que tout le monde soit dans le rang, aussi bien Guesde que Jaurès et Viviani.

M. BRIAT déclare qu'il n'a jamais prétendu que la grève générale serait simplement une grève des bras croisés. C'est l'arrêt momentané du travail et les ouvriers ne savent pas d'avance s'ils obtiendront gain de cause en quelques heures ou s'ils seront obligés d'employer d'autres moyens.

M. BARBIER dit que les syndicats parisiens sont trop impatients et que leur ardeur les abuse. A Nîmes, ce sont ceux qui préconisaient le plus la grève générale qui ont été les premiers à dire : « Mais nous ne sommes pas prêts ! » Ils avaient oublié de compter sur la solidarité des autres.

La grève générale, riposte M. BRIAT, c'est la révolution, mais c'est aussi la légalité, l'ouvrier ayant le droit de cesser le travail et personne ne pouvant le forcer à travailler, et *il est plus facile d'entraîner les indiffé-rents dans le mouvement de la grève générale que de leur dire : « Vous allez prendre un fusil et descendre dans la rue. »* Mais il est entendu qu'il faut s'organiser et se préparer à cette éventualité, d'autant mieux qu'elle peut se présenter à l'improviste, survenir à l'occasion d'un *lock-out*, par exemple, et par l'initiative des patrons. Elle peut être la conséquence d'une entente des patrons qui, dans certaines occasions, ont empêché leurs ouvriers de travailler pendant quatre mois et demi.

La thèse soutenue par les guesdistes, que la révolution peut se faire par la conquête des pouvoirs publics, est un leurre. *S'il faut attendre la conquête des pouvoirs pour transformer la société, il y a longtemps que nous et nos enfants serons morts, il aura passé bien des députés et la société sera toujours la même*. L'action politique est un sable mouvant où, en posant le pied, on risque d'être englouti. Il n'y a pas là de sol résistant; tandis que l'action économique, basée sur l'union des hommes réunis en syndicats, est un terrain solide. Quels que soient les aléas de la lutte, on est certain qu'un syndicat reste, tandis qu'on nomme comme député un révolutionnaire, et au bout de quatre ans il est devenu un parfait réactionnaire.

***

La question de la coopération fut assez longuement discutée à ce Congrès corporatif. Certains dénoncèrent les abus des coopératives, les pots-de-vin, les prix identiques à ceux du commerce et *sans crédit*, les poursuites prévues contre tout sociétaire en retard de ses cotisations, et enfin, pour les coopératives de production, les traitements énormes des directeurs et l'importance de la somme à verser pour faire partie de l'association. Chez les maçons, cette part est de 3.000 francs. Quel est le travailleur qui peut disposer de pareille somme? Ainsi questionna l'ennemi des coopératives. Il faut croire qu'il y en a, puisque ces coopératives existent.

Les défenseurs de ces utiles sociétés répondirent qu'aucune organisation n'était plus utile, puisque les travailleurs pouvaient se former à l'administration et qu'on aurait besoin d'administrateurs habiles pour mettre en action l'outillage industriel, lorsque la révolution (la grève générale) l'aurait mis à la disposition des travailleurs. — Cependant, certains congressistes acceptaient la coopération, du jour où elle se déciderait à faire servir ses bénéfices à la propagande révolutionnaire. « Il faut que cet esprit égoïste se transforme en esprit socialiste! » dit M. Bourchet. Est-ce que jusqu'à présent les ouvriers et employés des coopératives sont mieux payés que ceux des capitalistes?

Dans certain restaurant coopératif, le cuisinier *fait* seize et dix-sept heures de travail. Il est vrai qu'il travaille en chantant *l'Internationale!* — Dans d'autres, les employés font du sabotage. Le fourneau ne tirait pas et menaçait d'asphyxier le personnel. Un camarade a chargé ce *piano* (fourneau) de graisse, l'a bourré de poussier et l'a fait sauter. Force a été de lui donner un fourneau neuf. Le tarif appliqué par les coopératives est inférieur de 60 à 70 0/0 au tarif que la ville de Paris, pourtant peu généreuse, paie aux cuisiniers de l'assistance publique.

Dans nos coopératives, dit M. Dugoy, il y a un gérant quelconque, un menuisier, un maçon, un métallurgiste, incapable de faire la différence entre une rave et un navet, entre du biquot et du mouton. C'est lui qui donne les ordres au cuisinier, de sorte qu'au lieu d'arriver à réaliser, comme nous le faisons dans les restaurants ouvriers, 37 ou 40 0/0 de bénéfices, à la fin du mois il y a 15 ou 20 0/0 de déficit. Cela vient de ce que le gérant ne connaît rien à l'achat aux Halles, ce qui est le principal.

M. Andrieux trouve, au contraire, qu'il est possible de grouper, par l'appât du gain, même les indifférents. Une fois groupés, il est facile de faire leur éducation syndicale.

A ce Congrès fut discutée encore la question des Fédérations de métier et des Fédérations d'industrie. MM. Briat et Coupat furent les deux jouteurs de cette intéressante controverse. Puis on décida la création d'un journal hebdomadaire.

CHAPITRE IX

IXᵉ Congrès des Bourses du Travail à Nice.
VIᵉ Congrès de la Confédération du Travail à Lyon.

(Septembre 1901.)

*Congrès de la Fédération des Bourses du Travail à Nice
(septembre 1901).*
*Sixième Congrès de la Confédération générale du Travail
à Lyon (septembre 1901).*
*Cette année-là, les deux Congrès sont divisés. — La Fédé-
ration des Bourses avait cru à tort que la Confédération
accepterait le siège qu'elle-même avait choisi.*

I. — Le Congrès de la Fédération des Bourses.
L'Office national ouvrier de statistique et de placement.
*Le viaticum. — Le label. — La fusion de la Fédération
avec la Confédération.*
II. — Le Congrès de la Confédération.
*Situation financière peu brillante. — Le journal confédéral
« La Voix du Peuple » manque d'abonnés.*
*L'Unité ouvrière. — M. Niel en est l'apôtre. — La ques-
tion de la grève générale.*

Le Congrès des Bourses de 1901 (17-21
septembre) se tint par hasard, cette année-

là, dans une ville différente que le Congrès de la Confédération. Nice avait été choisi par le Congrès des Bourses de Paris pour le siège du prochain Congrès, avec la certitude acquise que le Congrès confédéral choisirait le même siège (1). Mais le désaccord continuait entre les deux organisations, la jalousie n'était pas éteinte entre une Fédération qui, par son titre, devait englober toutes les forces syndicales, et une autre, qui justifiait sa puissance souveraine et comprenait que, sans son concours, la Confédération ne serait qu'un magnifique titre, sans consistance et sans réalité.

« *Si nous voulons,* disait le Comité fédéral dans une circulaire, *faire un pas de géant*

(1) Au Congrès des Bourses, tenu à Paris en 1900, Pelloutier disait :

On craint que le Congrès de la Confédération ne se tienne pas au même endroit... « Cette crainte est chimérique, car, depuis les Congrès de Nantes et de Limoges, il est tacitement convenu que c'est la Fédération des Bourses qui fixe le siège du Congrès suivant et la Confédération générale du Travail qui en fixe la date. Donc Lyon ne sera pas accepté comme siège du Congrès de 1901, si le Congrès des Bourses a désigné une autre ville. »

dans l'avenir souriant d'une société vraiment humaine, harmonisée par le Travail et par la Liberté : Soyons des hommes ! »

« Allons, camarades, tous au Congrès de Nice ! » disait une autre circulaire. »

Soixante-treize Bourses étaient fédérées. La Fédération s'était fortifiée de seize nouvelles adhésions depuis le précédent congrès.

* ** *

Le rapport fédéral passait en revue les résultats obtenus par la Fédération et tout d'abord ceux de l'*Office national ouvrier de statistique et de placement.*

Lors de sa création, le secrétariat de la Fédération avait reçu une subvention de 5.000 francs pour le premier semestre de fonctionnement. Le secrétariat croyait donc pouvoir compter sur une subvention annuelle de 10.000 francs, d'autant mieux que cette institution avait été fort utile pour répartir sur le territoire français les nombreux chômeurs se trouvant à Paris, au moment où les travaux de l'Exposition de 1900 prenaient fin. — Cette subvention ne fut pas renouvelée, et Pelloutier engage les Bourses à solliciter de chaque municipalité un secours de 50 francs au moins, pour ne pas laisser cette utile institution s'effondrer ou la voir accaparer par l'Office du travail.

Deux difficultés se présentaient pour le fonctionnement de l'Office :

La longueur des distances qui ne permettait pas d'envoyer un ouvrier de Marseille à Paris, à cause des frais de voyage et en raison de la lenteur et de la difficulté du déplacement. — La place serait prise quand le chômeur arriverait.

L'impossibilité d'envoyer toujours des syndiqués. Fallait-il donc embaucher des *sarrazins* et des non-syndiqués? Sur ce point cependant, une distinction devait être faite entre les traîtres à la cause ouvrière et ceux qui, par négligence, n'avaient pas encore pénétré dans l'organisation syndicale.

Il fut convenu que les syndiqués seraient toujours placés avant tous et que les non-syndiqués ne le seraient qu'à la condition de s'affilier aussitôt à leur organisation syndicale. — En excluant du bénéfice du placement les non-syndiqués, on risquait, en effet, de les diriger vers les syndicats jaunes qui essaient de les attirer à eux.

*
**

Sur la question du *viaticum*, le Congrès constata « avec regret » l'échec presque complet de cet admirable mécanisme d'organisation ouvrière, qui fonctionne partout, de manière très satisfaisante, sauf en France. — Au lieu d'affilier chaque individu au service du *viaticum* en lui réclamant une cotisation mensuelle de 10 centimes, qu'il ne paie pas tant qu'il n'est pas convaincu d'être obligé de recourir à cette forme d'assistance ouvrière, il fut proposé d'affilier les Bourses, qui s'engageraient à verser 5 centimes par mois et par adhérent.

Mais les objections furent nombreuses. Les uns trouvaient que le secours de route de 2 francs était absolument insuffisant. Les autres montraient avec raison que certaines professions n'avaient pas à profiter du secours de route, parce que leurs membres ne voyageaient pas, pour la recherche du travail. Et c'était en vain qu'on invoquait les principes de solidarité ouvrière.

Diverses Bourses préféraient donner *librement* des secours, comme elles l'avaient fait jusque-là. SAINT-ETIENNE obtenait 300 francs de la municipalité pour venir en aide aux trimardeurs. NIMES accordait deux repas, le coucher et 1 fr. 25 pour le départ aux ouvriers voyageurs. LIMOGES soutenait que le secours de route ne pouvait être établi que par Fédération, en raison des différences de situation des ouvriers d'industries diverses. ALBI répliquait que de nombreuses corporations n'étaient pas constituées en Fédérations et ne pouvaient profiter du *viaticum*, que s'il était organisé par la Bourse du travail.

Bref, il fut décidé que le système serait amélioré et non supprimé.

Le *label* donna également lieu à discussion ; mais la question importante était celle de la fusion de la Fédération avec la Confédération.

***

M. Niel, de Montpellier, exposa son plan d'unification ; il ne peut comprendre que le corps syndical ait deux têtes, deux cerveaux qui pensent séparément, qui organisent séparément des Congrès, où les mêmes questions peuvent être portées et résolues dans un sens différent. — Deux organisations rivales, divisées, qui veulent se partager le monde syndical et avoir chacune le pouvoir principal, — c'est une flagrante anomalie et une énorme contradiction !

Il n'est pas exact, dit M. Niel, que l'on veuille faire disparaître une des deux organisations au bénéfice de l'autre. Il est indispensable, dit-on, que les deux organisations existent pour se stimuler réciproquement ? Mais, répond M. Niel, elles ont même but et se composent des mêmes éléments, c'est-à-dire des mêmes hommes, qui ne sauraient avoir qu'un programme unique.

Il y a longtemps que PELLOUTIER avait prévu cette unification.

« A la base le syndicat d'où part toute décision ; puis, d'un côté, l'union des syndicats du même métier ou des métiers similaires, les diverses unions se fédérant en un conseil national corporatif ; d'autre part, les syndicats de toutes les professions groupées *localement* dans les Bourses du travail, et l'ensemble de ces Bourses et de ces Unions de syndicats constituant la Fédération des Bourses du travail ; au sommet, enfin, l'Union du Conseil corporatif et du Comité fédéral des Bourses du travail, c'est-à-dire la Confédération. »

PARIS (1) affirme que la Fédération des Bourses devrait suffire et que la Confédération a été créée uniquement dans le but de

---

(1) Le représentant de Paris était M. Besombes, dont nous avons pu apprécier l'esprit habile et précis. Il se trompait cependant en la circonstance.

faire échec à la Fédération. Aujourd'hui qu'on n'a pu obtenir ce résultat, on propose la fusion. La Confédération n'a rien fait jusqu'ici. — La Fédération des Bourses est la seule forme nécessaire, parce que les Bourses ont intérêt à être fédérées pour savoir ce qu'elles font. Elles n'ont pas à s'occuper des questions d'entente professionnelle, dévolues aux Fédérations de métier. D'ailleurs, l'existence d'un seul comité directeur est un véritable danger, l'avenir du prolétariat se trouverait entre les mains de sept ou huit hommes.

ALGER est du même avis. La Confédération accepte les syndicats aussi bien que les Fédérations et leur donne les mêmes droits. Une Fédération n'aura qu'un représentant, tout comme un syndicat isolé. Les syndicats pouvant être en plus grand nombre, il leur sera aisé de composer une majorité qui sera fictive et grosse de conséquences. Les Bourses du travail sont le véritable centre de l'organisation ouvrière, leur œuvre est féconde, tandis que l'organisme de la Confédération est défectueux, son déficit formidable et à peine 29 Fédérations de métier ou d'industrie en font partie. — Vouloir l'unité, en ce moment, c'est vouloir la disparition de l'organisme le plus puissant qui existe !

NICE veut au contraire « l'union contre les bourgeois ». Si l'unité rêvée par tous rencontre des obstacles dans les divergences d'opinion des hommes, les hommes sont bien peu de chose auprès des idées à défendre et à faire triompher. Cette unité est une nécessité.

Les camarades craignent qu'en acceptant cette union, l'on fasse disparaître la Fédération des Bourses ; mais ils se sont eux-mêmes chargés de prouver la force et la vitalité de la Fédération.

NIMES plaide la cause des syndicats — (et ils sont les plus nombreux) — qui n'appartiennent à aucune Fédération de métier et ne peuvent s'exprimer que par la voix des Bourses du travail. La Confédération ne pourra avoir sa raison d'être que lorsqu'elle pourra fédérer les Fédérations de métier et d'industrie, et que celles-là auront groupé tous les syndicats isolés. Jusqu'à présent, un seul organisme doit exister et ce doit être celui qui a révélé sa puissance, c'est la Fédération des Bourses.

MONTPELLIER répond par la bouche de M. NIEL. Si les deux organismes ont réellement un but différent, pourquoi accepter l'unité proposée pour l'*avenir* et la refuser pour le *présent* ? Si l'on prévoit que cette unité deviendra indispensable, pourquoi en retarder la réalisation ? Ce que l'on craint, c'est que la Confédération absorbe la Fédération des Bourses ? C'est douter de ses cadres solides, de ses éléments sérieux ! Il n'y a pas plus à redouter la disparition de la Fédération au profit de la Confédération que celle de la Confédération au profit de la Fédération. Il s'agit de reconstituer l'*Internationale du travail*.

En fin de discussion, le Congrès vota le refus immédiat de l'union, qui ne pouvait être que l'absorption de la Fédération, mais admettait pour le prochain congrès une étude approfondie d'accord entre les deux organismes.

VIᵉ Congrès de la Confédération générale du Travail.

Lyon (Septembre 1901).

Le sixième Congrès de la Confédération générale du travail se tint à Lyon du 23 au 27 septembre 1901.

Il comprenait 26 Bourses du travail et 8 Fédérations locales, comprenant 1.035 syndicats et 245.000 travailleurs (le chiffre était évidemment exagéré), 8 Fédérations régionales, avec 264 organisations adhérentes et 36.000 syndiqués, 20 Fédérations de métier et d'industrie avec 507 syndicats et 196.000 syndiqués, et enfin 492 syndicats isolés englobant 60.000 travailleurs.

La situation financière était peu brillante. Les recettes de l'année ne s'élevaient qu'à 4.125 fr. 05, et les dépenses à 3.173 fr. 90.

D'ailleurs, le rapport de M. Guérard, secrétaire général de la Confédération, avoue cette détresse et fait ressortir que, du chiffre modeste des recettes, il faudrait encore déduire 436 fr. provenant de la vente des comptes rendus, 1.390 fr. constituant un reliquat des congrès précédents et 321 fr. reçus pour être transmis à des grévistes. Que restait-il donc ? 1.500 fr. à peine de cotisations, et c'était tout ! Que faire avec d'aussi modestes ressources ?

Le journal corporatif, la *Voix du Peuple*, imitait ce sort misérable. Sur les 234 organisations du Congrès de Paris qui avaient pris l'engagement de s'abonner, 94 s'étaient abstenues de réaliser leur promesse. Sur les 296 syndicats de la Bourse de Paris, 204 avaient refusé de s'abonner. — Sur 37 Fédérations d'industrie et de métier qui existaient alors, il n'y en avait pas plus de 14 abonnées. — Les confédérés avaient songé à constituer leur journal sur des bases solides en organisant une tombola. Ici encore le succès était plus que modeste. Un million de billets étaient lancés, de 25 centimes chacun. Il n'y avait encore en circulation que 160.000 billets, représentant une somme de 40.000 fr., sur lesquels 8.852 fr. 60 seulement étaient versés !

En résumé la situation du journal se représentait ainsi :

Recettes..................... 12.370 fr.
Dépenses..................... 18.842 fr. 90

C'était une perte sèche de 160 fr. par semaine.

Le numéro était tiré à 8.000.

***

Une des grosses questions soumises au Congrès — toujours la même, — c'était *la réalisation de l'Unité ouvrière*. M. NIEL en est l'apôtre véhément. Il voit d'un côté tous les oisifs, gorgés, repus, rassasiés de tout, et les travailleurs dénués de ressources, manquant des choses les plus nécessaires à l'existence : des maçons couchant sous les ponts, des tisserands en haillons, des viticulteurs n'ayant à boire que de l'eau pure. Comment le peuple supporte-t-il d'être ainsi dépouillé par une poignée de voleurs parasites, lui qui a le droit, la force, le nombre ?

L'armée ouvrière doit être répartie en syndicats, et ces syndicats de même localité doivent se grouper en Bourses pour s'entr'aider mutuellement et se prêter appui mutuel en cas de lutte. De même, les syndicats doivent se grouper en Fédérations pour les intérêts communs de la corporation.

Enfin, ces divers groupements doivent s'unir et se fondre dans la Confédération générale du Travail.

M. GRIFFUELHES expose qu'à l'idée exprimée par M. NIEL, une autre théorie peut être opposée : celle de n'accepter dans la Confédération que les Fédérations de métier et de refuser d'accepter les Fédérations régionales, c'est-à-dire les Bourses. Il a pour mandat de voter en ce sens.

M. BOURDERON croit qu'on peut conserver la dualité des deux organisations avec une autonomie complète et un parallélisme d'action. La Fédération des Bourses est l'âme, la Confédération sera le corps de la masse prolétarienne. La première fait des études sociologiques et fournit des renseignements sur les salaires, le coût de la vie, les besoins de la main d'œuvre, aidée en cela par son office de travail et de placement ; la seconde agit, lutte et propage les moyens propres à assurer l'amélioration dans la vie et l'émancipation définitive de la classe ouvrière. — Ce n'est donc pas deux directions opposées que suivent les deux Fédérations, mais la même direction avec des moyens distincts et une tactique différente.

Cependant, par 250 voix contre 190 et 9 abstentions, le Congrès admet les Fédérations locales et régionales de métiers divers et l'article 2 des statuts de la Confédération est ainsi rédigé :

La Confédération est constituée par les Fédérations — nationales, *régionales ou locales,* — ou d'industries et de métiers — et par les syndicats nationaux.

C'était un rude coup pour la Fédération des Bourses, dont la Confédération dissolvait les éléments pour les accaparer. La Fédération n'était pas acceptée, mais les syndicats qui la constituaient se trouvaient entraînés dans l'organisme confédéral. Il est vrai que ce vote allait être annulé bientôt dans un prochain congrès.

**

La question de la grève générale amena une discussion intéressante. M. MAYNIER, délégué de la Fédération du Livre, se contenta d'exposer les documents suivants.

	Nombre de travailleurs	Nombre de syndiqués	Proportion des syndiqués póur 100 travailleurs
Nombre total des ouvriers masculins (non compris l'agriculture, les domestiques, les employés de l'Etat et des communes, les carrières libérales, etc.)	3.285.911	H. 545.362 F. 43.470 588.832	16,59

Répartition par industries principales.

	Nombre de travailleurs	Nombre de syndiqués	Proportion des syndiqués pour 100 travailleurs
I. Mines......................	150.823	91.531	60
II. Alimentation (la proportion des patrons est de 75 0/0).	223.348	21.820	10
III. Industries chimiques (y compris tabacs et allumettes)..	68.059	23.564	34
IV. Industries du livre et de la lithographie.............	54.326	17.040	31
V. Industries textiles { H. 315.877 / F. 306.705 }	622.582	54.828	9
VI. Etoffes, vêtements { H. 79.470 / F. 321.229 }	400.699	14.131	3 1/2
VII. Cuirs et peaux	130.118	19.298	14
VIII. Métallurgie et Métaux.....	443.741	94.022	21
IX. Bâtiments (bois, pierre, fer, terrasse, ameublement); Bois ; Construction : ouvr. { 294.529 / 317.172 } synd. { 18.407 / 50.640 }	611.701	69.047	11
X. Transport et manutention (y compris chemins de fer)	740.941	152.041	20

Tableau spécial pour Paris.

PROFESSIONS	Nombre d'ouvriers	Nombre de syndiqués	Proportion 0/0
Mécaniciens, ajusteurs, serruriers.	11.587	3.500	30
Chaudronniers (fer et cuivre).....	2.059	533	25
Chauffeurs (chiffre incomplet)....	3.856	1.945	
Charpentiers...................	1.683	1.341	(?) 79
Charrons (chiffre incomplet)......	1.811		
Electriciens...................	2.125	70	3
Ferblantiers..................	2.243	581	26
Forgerons....................	1.790	210	12
Maçons......................	10.880	2.101	19
Mécaniciens conducteurs de machines...................	17.418		
Menuisiers	9.639	919	10
Peintres.....................	10.703	2.378	22
Selliers–Bourreliers.............	3.379	710	21

« Qu'il me soit permis, ajoute M. MAYNIER, de donner l'opinion de nos amis Guérard et Pouget sur la mentalité des travailleurs :

« Voici ce que dit GUÉRARD :

« Le Congrès de Limoges avait entendu créer un organisme formidable en face de la puissance capitaliste, pour lui résister d'abord, pour le vaincre ensuite. Mais nous avons trop l'habitude de nous griser avec des mots ; aussi, parce qu'on avait rédigé les statuts d'une Confédération, il semblait que celle-ci allait, le lendemain, conduire le prolétariat à l'assaut de la bourgeoisie apeurée.

« Il est bien de parler de l'action et de se préoccuper des meilleurs moyens de lutte ; mais pour prendre l'offensive contre toutes les forces coalisées contre nous, gouvernement, police, armée, magistrature, au service des détenteurs de l'or et des instruments de travail, *il faut, au préalable, s'organiser*. Et nous sommes, à ce point de vue, placés en France dans une situation véritablement inférieure ; l'organisation, chez nous, est à l'état rudimentaire, ce qui ne nous empêche pas de songer tous les jours à faire la Révolution et de nous déclarer tout prêts à l'accomplir. »

« A côté de GUÉRARD, le camarade POUGET donne aussi les raisons suffisantes :

« L'une des principales causes de l'indifférence que nous signalons est une des faiblesses du tempérament français : nous sommes trop portés à considérer que tout est fait et qu'il n'y a qu'à laisser aller les choses dès qu'une décision est prise ; nous manquons de la ténacité et de l'esprit de suite qui rendent seuls possibles les œuvres efficaces et durables. Dès que la *Voix du Peuple* parut, on s'imagina facilement que l'impulsion donnée était suffisante et qu'il n'y aurait plus guère à se préoccuper de son sort. »

« J'en conclus, disait M. MAYNIER, que lorsqu'on veut faire la révolution, il faut avoir des chances de succès. Vous avez eu en main un journal assez puissant, vous l'avez laissé mourir sous l'indifférence. Celui qui l'a remplacé, la *Voix du Peuple*, se meurt d'une maladie que je pourrais qualifier, si j'étais médecin, de *phtisie galopante*.

« On a dit : Faisons la Révolution ! On chante la *Carmagnole*, l'*Internationale* ; on l'a faite en chansons ; mais, *en réalité, il n'y a rien*. Nous sommes inconséquents. Après avoir proclamé toutes les théories contre les religions, vous envoyez vos enfants chez des religieux et vous leur faites faire la première Communion. Dans notre organisation, nous avons voulu, quoique n'étant pas partisans de la grève générale, consulter nos adhérents. Nous leur avons dit : Voilà un bulletin de vote et une enveloppe. Allez chez vous, et là, après réflexion, sans aucune impression produite par des paroles plus ou moins belles, réfléchissez et vous apporterez votre sentiment réel dans un vote. Voici ce résultat : 589 ont voté la grève générale, 1.780 l'ont repoussée, parce que cette grève générale, à laquelle ils ne sont pas certainement hostiles, leur paraît à l'état nébuleux, et que, si vous voulez une révolution de bras croisés, il ne faut pas compter sur notre corporation. »

***

A la suite de cette discussion, les congressistes décidaient de se tenir prêts à tout événement et à déclarer la grève générale de toutes les corporations, si la grève générale des mineurs éclatait subitement.

CHAPITRE X

Dixième Congrès de la Fédération des Bourses du Travail.

(Alger, septembre 1902.)

Septième Congrès de la Confédération générale du Travail.

(Montpellier, septembre 1902.)

(Les deux Congrès, cette année-là encore, se tiennent séparément.)

Congrès des Bourses. — M. Niel prône de nouveau l'unité nécessaire. Certains congressistes voudraient la liquidation de la Fédération des Bourses, comme faisant double emploi avec la Confédération. — La question doit être tranchée par le Congrès fédéral de Montpellier.
Congrès de la Confédération. — « L'unité ouvrière. » — M. Niel en est encore l'éloquent défenseur. — Discussion des nouveaux statuts. — Fédérations d'industrie et Fédérations de métier. — Représentation des organisations et système de votation. — Le système de la représentation proportionnelle repoussé. — La Confédération sera composée de deux sections : section des Bourses et section des Fédérations. — Le chiffre des cotisations. — Il n'y aura plus que des Congrès confédéraux. — Ils ne se tiendront que tous les deux ans. — Ils seront suivis d'une conférence de chacune des sections. — L'unité est établie sans que le système adopté fût parfait.

Soixante-cinq Bourses étaient représentées à ce Congrès, qui ne se tint pas, plus que le précédent, au même endroit que celui de la Confédération. Ce dernier siégea à Montpellier, immédiatement après le Congrès des Bourses.

***

Il y fut de nouveau question de l'unité ouvrière. — Comment marier les Bourses et les Fédérations syndicales, sans démolir la Fédération des Bourses? C'est la question obsédante qui se représente à chaque Congrès corporatif.

M. NIEL, ici dénommé MONTPELLIER parce qu'il représente la Bourse de cette ville (1), posa très nettement les termes du problème à résoudre.

Si la question a froissé quelques susceptibilités, dit–il, c'est qu'elle a été mal comprise.

Les syndicats se sont groupés tout d'abord en Bourses du travail et en Fédérations corporatives; puis les Bourses se sont fédé-

(1) Dans tous les Congrès des Bourses, il n'est pas question du nom des délégués, mais du nom des villes qu'ils représentent.

rées. L'unité ouvrière était donc accomplie, puisque le prolétariat possédait un organisme central. Mais, depuis, une autre organisation s'est constituée, celle de la Fédération des Fédérations ouvrières. Il y eut antagonisme entre ces deux organisations, qui ne représentaient qu'une seule chose. Leur but est identique, et il est nécessaire de créer un organisme central qui comprendrait deux sections : section des Bourses et section des Fédérations. Ainsi seraient réalisées des économies budgétaires par la tenue d'un unique Congrès (1).

D'autres congressistes voudraient, au contraire, la suppression pure et simple de la Confédération et le renforcement de la Fédération des Bourses qui suffit à grouper toutes les forces syndicales et qui semble l'appareil le plus apte à remplir ce rôle de concentration et à réaliser l'unité ouvrière.

(1) M. Niel finit par avoir gain de cause. C'est lui en somme qui fut le créateur de la Confédération générale du Travail, et nul doute que nous ne le voyions un jour à la tête de l'organisation savante dont il fut le créateur.

Lyon est d'une opinion absolument opposée et demande le « sacrifice » de la Fédération des Bourses.

Paris est partisan des Bourses dont le rôle éducatif ne saurait être contesté, tandis que le rôle des Fédérations de métier ou d'industrie est de « combattre ». Ces différences d'attribution répondent à deux besoins qui font qu'en se complétant, l'orgasation syndicale se présente sous deux aspects différents.

Il est décidé que la question sera portée, et devra être tranchée, devant le Congrès confédéral de Montpellier, qui doit suivre immédiatement le Congrès des Bourses.

Enfin, malgré l'insistance de Marseille, qui promet aux congressistes futurs une « bonne bouillabaisse fraternelle », Bourges est choisi comme siège du prochain Congrès.

Septième Congrès de la Confédération.
Treizième Congrès national corporatif [1].

(Montpellier, 22-27 septembre 1902.)

A ce Congrès, 373 syndicats étaient représentés, 29 Fédérations d'industrie ou de métier et 56 Bourses du travail ou Unions de syndicats divers.

Au total, 458 organisations représentées par 165 délégués et 122.067 ouvriers confédérés.

Le premier objectif du Congrès fut l'unité

[1] Les Congrès de la Confédération ont pris, depuis celui de Limoges, la suite des Congrès de la Fédération guesdiste des syndicats. — Ces Congrès sont :

1. Congrès de Lyon, octobre 1886.
2. Congrès de Montluçon, octobre 1887.
3. Congrès de Bordeaux, octobre 1888.
4. Congrès de Calais, octobre 1890.
5. Congrès de Marseille, septembre 1892.
6. Congrès de Nantes, septembre 1894.
7. (1er de la Confédération.) Limoges, septembre 1895.
8. (2e — — .) Tours, septembre 1896.
9. (3e — — .) Toulouse, septembre 1897.
10. (4e — — .) Rennes, septembre 1898.
11. (5e — — .) Paris, septembre 1900.
12. (6e — — .) Lyon, septembre 1901.
13. (7e — — .) Montpellier, sept. 1902.

de l'organisation ouvrière. Il s'agissait toujours d'unir la Fédération des Bourses à la Fédération des syndicats, sans donner la prépondérance à l'une ou à l'autre; mais il était difficile de ravaler la Fédération des Bourses au rang de succédanée de la Fédération des syndicats. — La Fédération des syndicats avait pour tout droit son ancienneté. Elle avait seize ans, étant née à Lyon en 1886. Mais la Fédération des Bourses avait pour elle la réalité de son action et de sa puissance. Allait-elle se soumettre à sa rivale? — Et si elle ne se soumettait pas, comment était-il possible d'organiser cette dualité de pouvoirs? Qui dirigerait cette association des deux Fédérations? Telles étaient les questions précises, nombreuses et délicates posées à l'issue de ce Congrès, qui fut le plus important de la Confédération.

***

A Toulouse, en 1897, cet essai d'union avait déjà été tenté. Les comités des deux

Fédérations devaient se réunir, *à l'occasion,* « pour toutes les questions d'ordre général rentrant dans leurs attributions communes. »

Mais cette entente fut rompue au Congrès suivant, par une querelle personnellé entre Pelloutier, secrétaire de la Fédération des Bourses, et M. Lagailse, secrétaire du Comité national corporatif.

A partir de ce moment, la *Confédération* ne fut plus constituée que par les Fédérations d'industrie et de métier et les syndicats isolés (1). Et de là on peut constater l'inexistence de la Confédération, à laquelle manquait l'élément principal de sa force, la Fédération des Bourses.

A Paris, en 1900, l'accord ne put se faire, malgré le renvoi de M. Lagailse et son remplacement par M. Guérard, qui semblait être d'accord avec Pelloutier, resté le chef de la Fédération des Bourses. La Fédération

(1) M. Charles Rist, le professeur connu d'économie politique de Montpellier, a publié sur le Congrès de Montpellier un document remarquable. *Mémoires du Musée social,* janvier 1903.

des Bourses déclara nettement qu'elle s'obstinait à garder son indépendance.

***

Et cependant les circonstances amenèrent la Fédération des Bourses à réclamer elle-même l'unification des forces ouvrières. Au Congrès de Nice, en 1901, M. NIEL fut l'habile artisan de cette nouvelle tentative. PELLOUTIER venait de mourir. M. NIEL, secrétaire de la Bourse de Montpellier, amena le Congrès à voter le rapprochement, en montrant très nettement que les Bourses, si puissantes, n'avaient rien à risquer d'une alliance avec la Fédération des syndicats. On traitait à égalité. Cependant, nous devons dire que, dans cet accord, ce sont les fonctionnaires de la Fédération des syndicats qui détenaient les hauts postes de la Confédération. Le secrétaire de la Fédération des syndicats devenait également secrétaire de la Confédération. — PELLOUTIER eût-il accepté cette combinaison ?

« On objecte, dit M. NIEL, qu'il est indispensable que les deux organisations centrales existent pour se stimuler réciproquement. Je partagerais entièrement cette manière de voir si ces deux organisations n'avaient pas les mêmes éléments, c'est-à-dire les mêmes hommes, et si elles avaient un programme distinct. »

Mais elles n'ont ni même programme, ni mêmes procédés, répondait M. YVETOT, secrétaire de la Fédération des Bourses.

*
* *

« Le but est le même, mais la fonction diffère. Les Bourses du travail faisant de l'organisation, de l'administration, de l'é—ducation, leur Congrès ne doit discuter que des choses entrant dans ce genre de questions. — La Fédération des Fédérations de métier, d'industrie et de syndicats, qu'on appelle à tort *Confédération,* s'occupe d'action, de combat; c'est la lutte continuelle et incessante qui est sa fonction. »

Le Congrès de la *Confédération,* qui se tenait à Lyon quelques jours plus tard, avait décidé exceptionnellement un Congrès pour l'année suivante, en 1902 (alors que les Congrès ne devaient se tenir que tous les deux ans), pour trancher définivement la question de l'unité. Les délégués des Bourses devaient y être tout spécialement convoqués. C'était une réunion générale de toutes les forces de la Confédération. Et on devait dresser le statut définitif de l'unité ouvrière.

*
* *

Ce fut M. NIEL qui ouvrit le Congrès de Montpellier. Avec courtoisie il accueillit tous les ouvriers représentants de leurs syndicats et de leurs Bourses du travail; avec émotion il leur dit ses espoirs d'unité et d'organisation du parti ouvrier pour vaincre le capitalisme.

M. GRIFFUELHES était alors secrétaire de la Confédération (ou plutôt de la Fédération des Fédérations de métier). — Le secrétaire général de la Fédération des Bourses était toujours M. YVETOT, qui avait succédé à Pelloutier.

***

On vit, dès le début du Congrès, l'hostilité se manifester entre révolutionnaires et réformistes. M. Coupat fut l'habile représentant des derniers. M. Coupat est le secrétaire général de la Fédération des mécaniciens. M. Guérard (des chemins de fer), M. Lelorrain et Mme Jacoby (des tabacs) soutinrent également la doctrine réformiste, tandis que MM. Pouget, Bousquet et Griffuelhes manifestaient leur préférence pour les moyens violents.

La situation de la Confédération est loin d'être brillante. Elle groupe 35 Fédérations et 14 syndicats. Les Fédérations des mineurs, des allumettiers, des travailleurs de la marine, des ouvriers des poudreries et raffineries de salpêtre et des transports maritimes, des gantiers sont restées en dehors de la Confédération.

Les recettes s'élèvent à 17.680 francs ; mais les cotisations n'entrent dans cette somme que pour 4.219 francs. Le surplus

provient d'une loterie organisée par le journal confédéral : *La Voix du Peuple*. — Ce
journal a 1.000 abonnés. Le budget des
dépenses égale le budget des recettes.

La Confédération adhère au Bureau international qui venait d'être créé en juin 1902
à Stuttgart et dont le siège était fixé à
Berlin.

L'Unité Confédérale.

M. Niel était tout désigné pour plaider à
nouveau la cause de l'Unité confédérale,
dont il avait déjà exposé le principe au précédent Congrès des Bourses. Le prolétariat,
dit-il, commence à comprendre que l'union
est nécessaire pour vaincre dans un dernier
effort toutes les forces unies du capitalisme.

Il ne s'agit pas ici de centralisation *autoritaire*.

« Nous entendons par Unité, dit M. Niel,
l'image matérielle, dans l'organisation syndicale : des intérêts professionnels d'une
corporation ; — dans l'organisation fédéra-

tive : des intérêts nationaux et corporatifs
d'un même métier ; — dans l'organisation
des Bourses du travail : des intérêts communs à une fraction du prolétariat ; — dans
l'organisation centrale qui s'appellera *Confédération générale du Travail* : des intérêts
généraux, matériels et moraux, communs
à toute *une classe* d'exploités. — Oui ou non,
ces divers intérêts existent-ils ? Si non, dé-
truisons toute l'œuvre syndicale et n'en
parlons plus !

« La peur de la concentration ne se comprend plus dans une organisation générale
où chaque rouage conserve sa liberté absolue ; chaque fraction d'organisation, son
autonomie personnelle. La peur des dictateurs est encore plus incompréhensible si
l'on tient compte de la facilité avec laquelle,
grâce aux Congrès, *on démolirait les empe-
reurs et les papes ouvriers !*

Le mot de centralisation n'a rien d'ef-
frayant. Lorsqu'on désire que tous les ouvriers aillent au syndicat, n'est-ce pas de
la centralisation ? Quand l'on conseille à

toutes les Bourses de se fédérer, n'est-ce pas de la centralisation ? Lorsque toutes les Fédérations s'unissent pour préparer en commun la grève générale, n'est-ce pas de la centralisation ? Il faut faire, conclut M. Niel, de la centralisation pour faire aboutir les revendications qui sont communes à tout le prolétariat. L'utilité des Bourses du travail est aussi incontestable que celle des Fédérations. Pourquoi les diviser en deux organismes centraux distincts, sinon hostiles ? N'est-il pas illogique de faire représenter les organisations ouvrières par les mêmes hommes dans deux Congrès séparés, pour émettre parfois des résolutions contradictoires ? Il faut unité d'action de même qu'il y a unité de but. »

M. LUQUET ne conteste pas que l'unité s'impose ; mais il s'agit de savoir quelle unité. On ne veut sans doute pas décider la disparition d'un organisme au profit d'un autre. Pour réaliser l'unité, il est nécessaire d'exiger de chaque syndicat une double adhésion : à sa Fédération et à sa Bourse du travail. L'adhésion aux Bourses est plus commode puisqu'elle est gratuite et profite des subsides des municipalités. Mais ces subventions peuvent avoir pour résultat d'entraver l'action, d'étouffer l'énergie des syndicats. La Fédération syndicale, par contre, ne doit rien à personne, ne réclame aucun subside des gouvernements et des municipalités, et son but est d'entretenir l'action et l'agitation. Un syndicat ayant pleine conscience de ses devoirs est forcé d'adhérer aux deux organismes. Il faut donc que les deux Fédérations, au lieu de se combattre, comme trop souvent elles l'ont fait jusque-là, s'entr'aident et se prêtent un concours mutuel.

« Il faut un organisme central, dit M. Bourchet (1), cela paraît acquis. « *Doit-il être la Confédération ou la Fédération des Bourses?*

(1) M. Bourchet appartient à la Fédération des travailleurs du cuivre. Il est Lyonnais, et M. Ch. Rist le dépeint ainsi : « Figure sympathique de jeune homme à la fois énergique et bon enfant, et qui fera preuve de réelles qualités de *debatter*. » M. Bourchet est le rapporteur de la question.

Pour la direction du mouvement social, pour son indépendance, je me prononce pour la Confédération. Les Bourses ont reçu, sur les budgets municipaux, près de 3 millions 1/2 pour leur aménagement. Les subventions municipales les alimentent de 350.000 francs annuellement, auxquels viennent se joindre environ 15.000 francs de subventions départementales. Ce sont ces crédits qui font leur vie et il serait trop simple de jeter le trouble et la désorganisation dans notre rouage principal, si celui-ci était la Fédération des Bourses.

« Il y a un autre argument.

« Dans la société d'idéale beauté que nous concevons, ajoute M. Bourchet, *les Bourses du travail auraient un rôle considérable à remplir,* puisque nous les considérons comme devant devenir le centre de l'activité et de la vie sociale. *On en a conclu, un peu légèrement, qu'il y avait là un argument en faveur de leur suprématie à l'heure actuelle. On a oublié de montrer la différence de conception qui devait résulter de la diffé-*

rence de situation. De quoi est faite actuellement l'action syndicale ? D'organisation pour la lutte, de défense contre le capital, de préparatif pour la grande idée de grève générale. Le syndicalisme actuellement est le bélier qui doit, frappant sans cesse, démolir la société capitaliste.

« *Ce qu'il faut surtout à la classe ouvrière, ce sont les armes de combat, et voilà pourquoi les Fédérations de métier et d'industrie apparaissent au premier plan.* »

***

Le Congrès des Bourses du travail, qui venait de se terminer à Alger, avait préparé des statuts à soumettre au Congrès confédéral.

Trois points surtout avaient été examinés :

— D'abord quelle était la place exacte à donner à la Fédération des Bourses dans la Confédération ?

— Ensuite quelle serait la liberté laissée à chacun des groupes pour le placement des fonds ?

— Enfin la Fédération des Bourses pourrait-elle tenir des Congrès distincts de ceux de la Confédération ?

***

Sur le premier point, il avait été décidé à Alger que la Confédération se composerait de deux sections autonomes : Fédération des Bourses et Union des Fédérations.

Sur le deuxième point, chacune des sections devait percevoir ses cotisations et avoir sa caisse autonome. Donc, pas de caisse commune.

Enfin, la Fédération des Bourses serait autorisée à tenir une conférence, dans la semaine précédant le Congrès confédéral et dans la ville où devait se tenir ce Congrès.

M. Guérard aurait désiré un organisme plus simple : le syndicat à la base, la Confédération au sommet, sans aucun intermédiaire. Les Bourses du travail, à son avis, n'avaient rien à faire dans la Confédération, car elles auraient double représentation.

« Tel syndicat serait représenté : d'un côté,

par la Bourse du travail ; de l'autre, par la Fédération d'industrie ou de métier. Que signifierait cet organisme dans lequel un même délégué pourrait avoir, selon les cas, des décisions ou des manières de voir différentes, selon qu'il appartiendrait à l'une ou à l'autre section ? Car il pourrait bien se faire qu'il y eût des contradictions entre les décisions émises par les délégués dans ces deux organisations. Si cela se produit, il n'y aura donc pas unité. »

M. Bourchet, rapporteur du projet, répondit qu'il était impossible, pour réaliser l'unité, de démolir tout ce qui existe. Les syndicats ont besoin qu'il y ait des Fédérations d'industrie et de métier, et, d'un autre côté, ils ont aussi besoin des Bourses du travail.

Fédérations d'industrie et Fédérations de métier.

M. Reisz voudrait que la Confédération n'acceptât que les grandes Fédérations d'industrie, et non celles de métier (1). Il accepterait pourtant provisoirement que l'on délimitât le nombre des Fédérations de métier qui n'ont encore pu se fédérer par industrie.

M. Coupat est secrétaire de la Fédération des mécaniciens (*Fédération de métier*) et il la défend. Il prouve qu'elle a groupé en trois ans plus de 5.000 adhérents. Il montre que les Fédérations de métier sont plus cohérentes et plus solides que les Fédérations d'industrie, puisque les premières ont su réunir 47.000 membres avec 532 syndicats, tandis que les secondes ne comptent que 11.770 membres groupant 214 syndicats. Les premières ont versé 1.966 fr., et les secondes 516 fr.

« *L'homme est égoïste,* dit en fort bons termes M. Coupat ; *du moment qu'il peut défendre ses intérêts immédiats, il se groupe tout de suite ; mais, si on ne lui fait entrevoir qu'une chose lointaine, il hésite.* »

(1) Une Fédération d'industrie doit comprendre tous les métiers exercés dans cette industrie : telle la Fédération des travailleurs du Livre, par exemple, qui comprend les typographes, les relieurs, les brocheurs, les correcteurs, etc...

En fin de compte, il est décidé qu'on s'en référera aux décisions du Congrès de Paris en 1900.

Représentation des organisations
et système de votation.

L'article 3 des statuts de la Confédération est ainsi stipulé :

« Chaque organisation adhérente à la Confédération générale du Travail sera représentée par un délégué. — L'ensemble de ces délégués constitue le Comité confédéral. »

Ainsi, un syndicat de quatre membres aurait la même valeur qu'un syndicat en contenant plusieurs milliers.

La minorité de la Commission, par la bouche de M. Hardy, proteste contre ce système simpliste.

Nous avons plus de confiance, dit M. HARDY, dans une organisation de 10.000 membres que dans une de 20 membres ; et, *si la Confédération peut prendre une direction contraire à l'esprit syndicaliste, c'est parce qu'elle serait dirigée par des mandataires d'organisations fictives.*

Et M. HARDY propose la résolution suivante:

« Dans tous les votes au sein du Comité confédéral, les délégués des Fédérations nationales d'industrie et de métier, des syndicats nationaux (fédérations de syndicats) et des syndicats isolés disposent d'*une voix par 1.000 membres payants*, ou fraction de mille membres, dont se trouvent composées leurs organisations respectives. »

« Cette proposition, riposte M. BOURCHET, est illogique, parce qu'au moment où les syndicats sont encore *très souvent à l'état embryonnaire, il ne faut pas les écraser d'un seul coup.* Si, par exemple, la Fédération des mineurs était ici représentée proportionnellement, elle pourrait, grâce au nombre de voix dont elle disposerait, imposer sa volonté à toutes les autres organisations. *Les petites organisations seraient réduites au silence, elles seraient écrasées complètement et il ne serait plus besoin alors de Congrès, ni de discussions.* »

« Si un événement grave devait se produire, répond M. Lauche, si un vote important devait être émis, il serait préférable de
dire : « Il y a, en France, 500.000 syndiqués
qui réclament telle chose » au lieu de dire :
« Il y a 150 syndicats qui la réclament. »
Quels syndicats ? et de quelle importance
sont ces syndicats ? Le mot « syndicat » ne signifie rien par lui-même et peut représenter
5 membres sur une corporation qui contient
50.000 ouvriers. *On a fait, pour les cotisations, une échelle. Pourquoi ne la conserve-
t-on pas sur la question du vote ? Il ne faut
pas que les syndicats isolés, plus nombreux
qu'on ne le pense, puissent venir faire la loi
aux grosses Fédérations.* »

M. Guérard est du même avis. Si un
Congrès doit se prononcer sur la grève
générale, il peut se faire que 280 syndicats
s'affirment en faveur de la grève et 20 contre.
A première vue, on dira : le mouvement est
prêt, on n'a qu'à marcher : mais, si les
20 organisations qui ont voté contre représentent un nombre considérable de syndiqués

et qu'au contraire les 280 délégués n'en représentent qu'un petit nombre, que va-t-il se produire ?

« Vous auriez pu croire, dit M. GUÉRARD, à une grosse majorité, alors que vous étiez en minorité. Ce fait s'est produit dans notre syndicat (des chemins de fer). *La grève générale a été votée par une majorité de groupes et non par une majorité de syndiqués.* »

Par 392 voix contre 76 et 1 bulletin blanc, le système de la représentation proportionnelle est écarté.

Un certain nombre de délégués demandent alors que les syndicats isolés aient une voix ; les syndicats nationaux, deux voix ; les Bourses, une voix, et les Fédérations, trois voix.

Ce procédé *transactionnel* est repoussé.

M. NIEL déclare alors qu'il faut admettre le principe de la *représentation proportionnelle* avec toutes ses conséquences, ou le rejeter, quelles que soient les conséquences de ce rejet.

Un vote vient de repousser la représentation proportionnelle. Il n'est plus temps de revenir, par un moyen détourné, à cette discussion.

M. POUGET défend néanmoins le système transactionnel.

« Le syndicat isolé, dit-il, paie 5 centimes par mois et par membre. Dès qu'ils sont trois syndicats pouvant être réunis en section de métier ou d'industrie, ils rentrent dans le droit commun et paient comme Fédération 0 fr. 40 par mois et par cent membres. Ils ont donc tout avantage à se former en Fédération. — Il faut donc revenir au projet du Congrès de Lyon, qui consiste à donner 3 voix aux Fédérations nationales de métier et d'industrie, 2 voix aux Fédérations régionales et 1 voix aux syndicats isolés.

Quant aux Bourses du travail, elles peuvent se multiplier à l'infini. Il y en a 80 actuellement, demain elles peuvent être 2 ou 300. Tandis que les Fédérations de métier ou d'industrie ne seront peut-être jamais que 80 ou 100. — Lorsque les réunions auront lieu, les Bourses du travail auront la majorité. — M. Pouget demande donc qu'on adopte 3 voix pour les Fédérations de métier ou d'industrie, 2 voix pour les Bourses du travail et 1 voix pour les syndicats isolés.

M. Niel veut préciser sa pensée. Il n'a jamais été dans son esprit de créer une Confédération, dans laquelle une section éclipserait l'autre par le nombre de ses délégués.

***

Enfin l'article 4 est voté à l'unanimité, moins 10 voix.

Il est ainsi conçu :

Art. 4. — *Chaque organisation sera représentée par un délégué.*

L'ensemble de ces délégués constitue le Comité Confédéral.

Ont voté contre : Les Fédérations des mouleurs (Richard) ; de la voiture (Renaudin) ; de la lithographie, du livre, la typographie parisienne et les fondeurs typographes de Paris (Paillot) ; les mécaniciens de Paris, la Fédération de l'alimentation, lé syndicat des ouvriers du port de Dunkerque, la Fédération des tabacs, les syndicats des coiffeurs de Paris et de Nice et la Fédération nationale des coiffeurs (Luquet), la Fédération de l'ameublement et le syndicat de Saint-Loup (Viertz), les métallurgistes de l'Oise et la Fédération des carriers de l'Oise (Génie), la Fédération des Métallurgistes (Latapie).

****

L'article 5 était, au dire du rapporteur, le plus important, car c'était cet article qui avait donné lieu à la discussion la plus ardue à la Commission.

En voici la teneur :

Art. 5. — La *Confédération générale du Travail* se divise en deux sections autonomes :

La première prend le nom d'*Union des Fédérations de métier et d'industrie et des syndicats isolés.*

La deuxième prend le titre d'*Union des Bourses du Travail.*

La question de l'Unité ouvrière, dit M. Bourchet, semble attachée à un titre : celui de *Fédération* des Bourses du travail. A Alger, les Bourses ont déclaré qu'elles voteraient le projet si on leur laissait le titre de *Fédération*. Mais la Commission a décidé de mettre le mot « Union ». C'est une simple querelle de mots ; mais l'unité pour être complète doit se manifester même dans les mots !

M. Richard accuse les gens des Bourses de tenir à leur titre, simplement parce qu'ils ne veulent pas perdre la subvention que la Fédération reçoit chaque année.

Mais contre cette accusation, M. Bourderon se révolte. Les militants qui sont à la Bourse du travail de Paris, dit-il, ont-ils donc démérité en tant que syndicalistes pour avoir touché une subvention d'Etat ? — Il s'agit des 10.000 francs accordés par l'Etat à l'Office de statistique et de placement. — Mais peut-on faire une distinction entre les subsides municipaux et les subsides gouvernementaux ?

M. Deslandres (de la Typographie) trouve

que l'on jongle avec les mots et il demande que le titre de la Fédération des Bourses soit maintenu. Il n'est pas possible pour le moment d'organiser le prolétariat sans l'appui des partis bourgeois. Il faut savoir avouer ses faiblesses.

Enfin le Congrès adopte un amendement de M. RICHARD, qui est ainsi conçu :

« La première section prend le nom de section des Fédérations de métier ou d'industrie et des syndicats isolés. — La deuxième section prend le titre de section de la Fédération des Bourses du travail. »

Ainsi toutes les susceptibilités sont sauves. — Le mot de *« fédération »* est conservé, mais précédé du mot *« section »*. Aucun acte diplomatique n'a jamais donné lieu à de semblables débats.

*_**

Le Comité confédéral est formé par la réunion de deux sections. Il se réunit tous les trois mois, et, en cas de besoin ou d'urgence, sur la décision du bureau.

Le secrétaire de la section des Fédérations d'industrie et de métier a le titre de secrétaire général de la Confédération.

M. Niel trouve que, sur ce point, il y a infériorité pour la section des Bourses. Il demande que chaque Congrès puisse se prononcer et choisir celui des secrétaires des deux Fédérations qui sera secrétaire de la Confédération. Sans quoi, il est porté atteinte au principe de réciprocité entre les deux sections, qui a été reconnu et admis.

Mais M. Bourchet répond qu'il n'est pas possible de faire représenter la Confédération, qui est un groupement de lutte, par le secrétaire d'une section de Bourses, qui n'est qu'un organe administratif.

M. Coupat est du même avis. Si le secrétaire des Bourses était nommé, celles-ci seraient gênées et perdraient le caratère éducatif, professionnel et statistique qui a été le leur jusqu'à présent. — Dans les relations internationales, l'organisation des Bourses a disparu pour faire place aux Fédérations ; par conséquent, encore à ce point de vue, le secrétaire des Bourses ne serait pas qualifié pour remplir utilement son rôle au Comité confédéral.

En fin de discussion, la fonction de secrétaire confédéral est attribuée de droit au secrétaire de la section des Fédérations.

***

Le chiffre des cotisations est ainsi fixé :

1° 35 centimes de cotisation mensuelle pour les Bourses du travail, par syndicat;

2° 40 centimes par cent membres ou fraction de cent membres pour les Fédérations de métier et d'industrie ;

3° 5 centimes par membre pour les syndicats isolés.

D'ailleurs, les syndicats sont obligés d'adhérer à leur Fédération et en même temps à leur Bourse du travail et de payer double cotisation.

En ce qui concerne les syndicats isolés, on leur impose des cotisations plus fortes, pour les amener à se constituer le plus rapidement possible en Fédération.

***

Comment se feront les votes aux Congrès?

M. Pouget demande qu'ils se fassent par syndicat. Si l'on s'en tenait au système actuel qui laisse la latitude aux syndicats, aux Fédérations et aux Bourses d'envoyer des délégués, *il y aurait superfétation.* Aux Congrès ne doivent participer que les unités syndicales, c'est-à-dire les syndicats. Quant aux Bourses et aux Fédérations, leurs délégués n'auront que voix consultative.

Le Congrès accepte cette interprétation.

Il accepte également que les Bourses du travail tiennent après le Congrès confédéral une conférence où seront discutées les questions purement administratives concernant les Bourses. Celles-ci ne devant avoir que voix consultative dans le Congrès confédéral, leurs décisions, prises dans une conférence précédant ce Congrès, ne pourront avoir aucun effet sur celui-là.

Les Congrès confédéraux ne se tiendront plus que tous les deux ans.

⁎

L'unité était créée ; mais elle l'était au sommet, sans l'être à la base. Chaque profession renferme des syndicats nombreux, le plus souvent hostiles. Il aurait fallu tout d'abord les fusionner. Les résolutions prises à ce Congrès devaient réaliser ce but, en forçant les syndicats à se fédérer par métier ou plutôt par industrie et à se fédérer par Bourse, c'est-à-dire nationalement et localement. Un syndicat de mineurs de Douai (il ne pouvait y en avoir qu'un dans la profession) devait appartenir à la Fédération nationale des mineurs et à la Bourse du travail de la localité. Cependant, quelques difficultés à ce système trop simple se présentaient à la réflexion. Des révolutionnaires quittent un syndicat devenant *réactionnaire* pour fonder un nouveau syndicat selon leur esprit. Doit-on les en détourner ? Ainsi les difficultés n'étaient pas aplanies, et elles ne pouvaient d'ailleurs l'être qu'à l'usage et suivant les cas.

Il pouvait y avoir une question de principe, mais il y avait surtout des questions d'espèces.

***

L'instrument que venait de créer le Congrès de Montpellier était fort éloigné de la perfection. — Il aurait paru juste que la représentation proportionnelle fût admise et que les grosses Fédérations et les plus importantes Bourses du travail fussent représentées au Comité confédéral en proportion de leur puissance et du nombre de leurs adhérents.

« Une fois de plus, le gros des syndiqués se laissera conduire bénévolement, jusqu'au jour où le Comité confédéral lancera les ouvriers qu'il croira représenter dans des aventures auxquelles ils refuseront ensuite de se prêter. Ceux qui se croiront trompés ne le lui pardonneront pas. L'échec de la grève des chemins de fer en 1898 et les événements qui l'ont suivi sont caractéristiques à cet égard (1). »

(1) Le XIIIᵉ Congrès national corporatif. — Charles Rist. Mém. et Doc. du Musée social. Janvier 1903.

CHAPITRE XI

Les Congrès de Bourges.
Huitième Congrès de la Confédération.

Bourges, 12-18 septembre 1904.

(Cette année, d'après les décisions du Congrès de Montpellier, il n'y a qu'un seul Congrès suivi d'une Conférence à la section des Bourses.)

———❈———

Rapport des secrétariats. — Action antimilitariste. — Le Manuel du Soldat.

La Voix du Peuple. — Attaques contre le modérantisme et le transactionnisme de la Fédération du Livre. — Vive riposte de M. Keüfer. — Critique de la violence. — Eloge de la violence par M. Pouget. — M. Griffuelhes se défend d'avoir jamais été aussi violent que M. Guérard.

La représentation proportionnelle. — Elle est défendue par M. Coupat et par M. Keüfer. M. Niel essaie de démontrer son impossibilité d'application. Elle est repoussée. — Le mouvement d'agitation pour la conquête des huit heures. — Le 1er mai 1906. — Le sabotage de la neuvième heure et la désertion des ateliers.

Conférence des Bourses. — Le viaticum. — Difficultés de l'organiser. — L'Office national de statistique et de placement.

Le prochain Congrès de la Confédération ne devait avoir lieu que *deux ans après celui de Montpellier.* Il n'était ouvert qu'aux organisations adhérentes à la Confédération.

En 1900, la Confédération ne groupait que 16 Fédérations et 5 organisations diverses ou syndicats isolés.

En 1904, à l'ouverture du Congrès, la Confédération comptait 53 Fédérations nationales corporatives ou syndicats nationaux, une quinzaine de syndicats isolés et 110 Bourses du travail, formant ensemble un effectif de plus de 1.800 syndicats.

A ce Congrès se produit un fait qui montre combien peu les statuts sont respectés dans certaines circonstances. La *Fédération des mineurs* était postulante pour entrer dans la Confédération. Va-t-on la recevoir ? Non, mais on reçoit, au mépris des règles convenues, tous les syndicats isolés de mineurs qui demandent leur affiliation. Dix syndicats avaient été reçus, qui avaient formé par la suite une Union fédérale des mineurs. L'opinion de ces syndicats plaisait davantage à la Confédération, que celle de la Fédération affiliée à un parti politique et ayant pour chefs MM. Basly et Lamendin, députés. Mais était-ce là le procédé à employer pour réaliser l'unité ouvrière ?

***

Le rapport du Comité de la Section des Bourses donne certains renseignements sur l'activité de sa gestion. Un paragraphe intitulé « Démarches » indique les interventions du Comité auprès des pouvoirs publics, parlement ou ministères.

« En aucune circonstance, l'attitude des délégués ne fut celle de solliciteurs implorant timidement un secours ou une prise en considération, mais elle fut l'attitude de protestataires, venant rappeler à qui de droit les responsabilités encourues, à laisser faire des fonctionnaires tout dévoués au patronat et mettant à son service la Justice et l'Armée. »

Au point de vue antimilitariste, la section des Bourses n'avait pas été inactive.

A la suite du Congrès d'Alger (en 1902),

500 circulaires avaient été envoyées à chaque Bourse. C'étaient de pressants appels aux militants, les invitant à attirer dans les Bourses les syndiqués, devenus soldats, et priant ceux-ci d'amener avec eux leurs amis de caserne, qui ignoraient le syndicat.

« Au faîte de la hiérarchie militaire, dit M. Yvetot, on s'alarma de cette propagande, et, par une circulaire *confidentielle* (dont on se rappelle l'heureuse divulgation par la *Voix du Peuple*), le fameux ministre André donnait l'ordre aux chefs de corps d'interdire aux soldats l'accès des Bourses du travail. Cela fut l'objet d'une interpellation. On aboutit naturellement à de beaux discours, mais les soldats fréquentèrent cependant beaucoup moins les Bourses du travail. Ceux-ci ne venant plus à nous, conclut le secrétaire de la Fédération des Bourses, il nous fallait aller à eux ! »

Une commission de cinq membres fut désignée pour rédiger le *Manuel du Soldat,* dont un premier tirage de 20.000 fut vite épuisé. En moins d'un an, 100.000 manuels furent distribués. Un procès s'ensuivit, qui se termina par l'acquittement du principal rédacteur, M. YVETOT.

Le journal confédéral, *La Voix du Peuple,* se suffit, grâce aux abonnements et à la vente. Il tire à 6.000 et compte plus de 2.000 abonnés et de 3.000 acheteurs au numéro. Le budget de recettes et de dépenses qui se balancent est de 22.000 francs.

****

A propos de l'acceptation des syndicats, qui ne peuvent être reçus que s'ils sont adhérents à la Fédération locale des Bourses et à leur Fédération d'industrie et de métier, une grave dispute éclata entre M. LATAPIE et M. GUÉRARD, — le premier ayant dénoncé *« des adversaires qui ne se tiennent pas pour battus. »* A quoi M. GUÉRARD riposte : « Il n'y a pas d'adversaires ici. »

« Il y a ici des organisations qui aident à la constitution de syndicats patronaux, dit M. Latapie, et, par conséquent, ce sont bien des adversaires. » (*Bravos répétés.*)

C'est une attaque directe à la *Fédération du Livre*. M. KEUFER, qui en est le dévoué délégué, prône partout que l'organisation du travail ne pourra se faire d'une façon précise et pratique, que si le syndicat ouvrier et le syndicat patronal, qui doivent discuter entre eux, sont également puissants et, par cela même, responsables de leurs actes et de leurs transactions. Aussi pousse-t-il à la constitution de syndicats patronaux, là où il n'en existe pas, estimant que la tractation entre éléments ouvriers et patronaux ne peut se faire d'une façon utile que si ces éléments sont organisés. C'est la méthode trade-unioniste, mais combien différente de celle des syndicats ouvriers français !

M. LATAPIE insiste, au milieu du vacarme. « S'il n'y a pas de frères ennemis dans le congrès, il y a au moins des adversaires. »

Ce n'est là qu'une escarmouche, répond M. GUÉRARD. Il n'y a pas lieu de s'en émouvoir, car c'est le commencement de la bataille qu'à tort ou à raison l'on veut engager contre des organisations que, pour la circonstance, l'on qualifie d'adversaires, sans attendre de connaître leurs mandats. Il n'y a pas d'autres adversaires pour les ouvriers que... le patron.

***

M. Keufer accuse à son tour le Comité confédéral de n'avoir pas rempli la mission qui lui était dévolue et qui devait consister à faire non seulement l'*unité matérielle,* mais encore et surtout l'*unité morale* de toutes les forces ouvrières. Le Comité confédéral a, au contraire, contribué à semer la discorde dans la corporation du Livre et à exciter les haines et l'hostilité des autres corporations contre les travailleurs du Livre.

La Fédération du Livre a protesté alors et demandé à se défendre. Elle s'est trouvée devant un tribunal d'inquisiteurs qui disséquaient la vie corporative de la Fédération, s'occupant de détails et de potins qui ne regardaient en rien le Comité confédéral.

« A ce propos, dit M. KEUFER, on me reprocha une lettre *personnelle* adressée à un de nos fonctionnaires, qui m'avait demandé mon avis sur les doctrines anarchistes. De confiance, je lui exprimai mon opinion. Et cette lettre *personnelle* fut remise à un membre du Comité confédéral. Je n'ai rien à y retrancher. Et, de plus, je prétends avoir fait œuvre de prudence. »

Enfin le Comité confédéral s'était prononcé pour l'ordre du jour pur et simple, autorisant ainsi les membres du Comité confédéral à continuer leur système de dénigrement. Et quels sont les griefs que pouvaient invoquer les membres du *Comité confédéral* pour attaquer la *Fédération du Livre ?* On accusait la méthode d'action réformiste, la manière employée pour défendre les intérêts corporatifs ! L'autonomie des organisations ne serait donc qu'un mot ? Et, de plus, l'expérience de la valeur de la méthode révolutionnaire n'a jamais établi sa supériorité, d'une façon certaine.

Mais ce n'est pas seulement par la parole,

par la propagande que le Comité confédéral a manqué à son devoir, c'est aussi par le journal, par la *Voix du Peuple* qui est « l'organe de toutes les organisations confédérées (1). »

Par la *Voix du Peuple,* on a laissé se répandre, contre la Fédération du Livre, toutes les inepties, toutes les calomnies.

Ce n'est pas tout, continue M. KEUFER. Le Comité confédéral a encore prêté la main à la création de syndicats et d'une deuxième Fédération des mineurs, mieux faite à l'image des idées des membres du Comité confédéral, et il l'a admise de préférence dans la Confédération, bien que la vieille et importante Fédération des mineurs ait demandé à y être admise (2).

Une autre violation des statuts touche de

(1) L'article 7 des statuts confédéraux stipule :
« La Commission du journal veille à ce qu'en aucun cas l'organe de la Confédération ne devienne la tribune publique de polémiques injurieuses, de querelles personnelles...

(2) Art. 2 de la Confédération.
Elle (la Confédération) *admet en outre les syndicats dont les professions ne sont pas constituées en Fédé-*

plus près à la *Fédération du Livre*. Il s'agit de la constitution du syndicat des correcteurs, autrefois adhérent à la Fédération du Livre, en *syndicat national* (équivalant à une Fédération de métier). Rien ne justifiait cette transformation, si ce n'est de constituer une nouvelle unité qui pût, par l'intermédiaire de ses délégués, apporter un nouveau concours au Comité confédéral pour la défense de ses idées, de sa tactique révolutionnaire. — Peu lui importait si cette amputation pouvait affaiblir une organisation antipathique. Le but proposé était d'émietter, d'affaiblir une organisation fédérative, pour la punir de n'être pas favorable à l'action directe et anarchiste.

M. Guérard attaque, lui aussi, le *Comité confédéral*, auquel il reproche de ne pas avoir fait son devoir, en ne suivant pas la

rations d'industrie ou de métier, ou dont la Fédération n'est pas adhérente à la Confédération.

Art. 7. La section des Fédérations d'industrie ou de métier et des syndicats isolés a pour objet de... grouper en branches d'industrie ou de métier les syndicats de même profession ou de même industrie, *pour lesquels il n'existe aucune Fédération*.

ligne de conduite qui lui était dictée par les Congrès antérieurs. — On est obligé de constater, ajoute-t-il, un véritable malaise dans la classe ouvrière, malaise qui ne repose que sur un malentendu facile à dissiper. Il y a dix ans, les travailleurs refusaient d'entrer dans les syndicats à *bases politiciennes*. Aujourd'hui les dirigeants de la *Confédération* font la même besogne qu'il y a dix ans les politiciens, en favorisant les doctrines anarchistes et en soutenant que l'action économique ne peut marcher à l'unisson de l'action politique. Il faut exprimer que le *Comité confédéral*, qui, pendant deux ans, en attendant le prochain Congrès, sera livré à lui-même, ait mandat de faire disparaître tous les sujets de froissements qui existent entre les *militants*. — En ce qui concerne spécialement le journal confédéral, il est indispensable qu'il n'insère pas des articles pouvant froisser les opinions de certains syndiqués qui, pour ne pas professer des idées très avancées, n'en sont pas moins des travailleurs et des socialistes.

Ainsi seulement pourront se grouper tous les éléments actifs et déterminés du prolétariat. Le Comité confédéral a pour devoir de réaliser l'union entre toutes les organisations, et jusqu'à présent ce n'est pas ce rôle qu'il a rempli.

M. Guérard termine en disant qu'il n'approuve pas la tactique de M. Keufer, qu'il trouve trop modérée, mais l'*action directe* n'a pas davantage son approbation parce qu'elle est dirigée, non contre le patronat, mais bien contre les travailleurs eux-mêmes.

Il n'y a pas de dogmes à imposer, et il faut user de tous les moyens pour aboutir. La violence n'est que le mouvement d'un moment et non un mouvement réfléchi. Il arrive souvent que celui qui la préconise n'a ni la volonté, ni l'énergie de la continuer. Et même, ceux qui professent des idées violentes vont parfois à l'encontre du but qu'ils désirent atteindre et ne réussissent qu'à réaliser l'isolement des organisations modérées telles que la Fédération du Livre.

Plus de coteries ! La Confédération doit être la représentation, non pas de telles ou telles idées, mais du prolétariat tout entier.

***

M. Bousquet (de Paris), est partisan de la méthode violente. Le syndicat des boulangers de Paris n'était composé que de 15 membres en 1900 ; il en compte aujourd'hui 3 ou 4.000. De plus, les dix-huit grèves entreprises par la Fédération, à Paris et en province, ont toutes été victorieuses. En face des brillants résultats de cette tactique révolutionnaire, il faut mettre les résultats de la Fédération du Livre, qui ont été absolument nuls. Cette Fédération ultra-modérée n'a rien obtenu, pas même une augmentation sur les salaires. — Donc, *l'action directe* est le seul moyen pratique pour arriver à l'émancipation du prolétariat.

La discussion devient vive. M. Sieurin, typographe, qui représente des métallurgistes et renie les procédés modérés du

« Livre », est traité de *Judas* par M. HA-
MELIN (du « Livre »), qui, lui-même, est
traité de menteur.

M. LATAPIE (des métallurgistes), déclare à
M. KEUFER qu'il est prêt à le suivre sur *tous
les terrains*, et il demande que les rivalités
de l'Union fédérale des métallurgiques vide
ses querelles avec les mécaniciens et avec les
typographes en dehors du Congrès confédéral, pour n'en pas entraver les débats.

Le syndicat est la forme la plus parfaite
d'association ouvrière, parce que c'est le
seul groupement qui reflète exactement
l'antagonisme de classe existant entre
salariés et *salariants*. Enfin, il admet dans
son sein les prolétaires de toutes conditions,
sans avoir à chercher quelles sont les conceptions politiques ou sociales qui les animent ; il suffit que ce soient des *salariés*.
« Donc, puisque cette forme d'organisation
permet de recruter et d'unir des camarades
d'idées politiques opposées, il est pour nous,
déclare M. LATAPIE, un devoir d'en profiter
pour les éduquer le plus possible dans leurs

droits et devoirs, puis de les aiguiller vers des idées larges et généreuses. » Mais le rôle du syndicat n'est pas seulement de résister à l'exploitation capitaliste ; il doit encore « lutter contre l'Eglise, l'Armée et l'Etat ; en un mot, contre tout ce qui revêt une forme d'oppression quelconque. »

D'ailleurs, tous les groupements syndicaux font de la politique, qu'on le veuille ou non !

Mais peut-on avoir confiance dans les pouvoirs publics ? Nullement. Les réformes accordées par la bourgeoisie au Parlement sont reprises par la bourgeoisie patronale et ne constituent qu'un trompe l'œil perpétuel. Pour se convaincre que les réformes législatives sont illusoires et n'ont pas de durée, il suffit de signaler la *fameuse* loi qui permit à Paris de supprimer les droits d'entrée sur les boissons hygiéniques. Les ouvriers allaient pouvoir se payer du bon vin à bon marché ! La propriété bâtie fut fortement imposée, par compensation, et les loyers s'élevèrent. Ce qui avait été accordé comme dégrèvement était repris d'autre part comme augmentation des loyers. L'*action directe* seule peut obtenir des résultats définitifs et certains.

Le devoir du Comité confédéral, dit à son tour M. LAUCHE (*de la Fédération des mécaniciens*), consistait à sauvegarder l'autonomie de toutes les Fédérations adhérentes et à respecter leur liberté d'action. Ce devoir n'a pas été rempli. Plusieurs Fédérations ont eu à se plaindre avec raison de l'attitude du Comité confédéral à leur égard et de son esprit autoritaire. Le Livre est l'objet d'attaques incessantes, d'autres Fédérations se voient systématiquement mettre à l'écart, tandis que certaines Fédérations sont couvertes de louanges.

Une *Revue* éditée par tous les chefs de la Confédération, l'*Action directe*, attaque violemment tous les camarades et toutes les organisations qui ne pensent pas comme eux. « Il n'est pas possible pour nous, dit M. LAUCHE, de discuter à la Confédération avec des camarades qui nous abreuvent d'injures. Que plus de fraternité, plus de sincérité s'établissent entre tous les militants, et meilleure sera l'action, plus féconds seront les résultats ! »

***

M. KEUFER indique très nettement pour quelles raisons chaque groupement ouvrier peut avoir des tactiques différentes.

« *Alors que les travailleurs métallurgistes travaillent dans des usines, où, groupés nombreux dans les ateliers, ils sentent peser lourdement sur eux la rigueur des règlements appliqués par le patronat, qui tient les ouvriers sous sa dépendance ; les typographes, généralement peu nombreux dans leurs ateliers, travaillent à côté du patron, qui souvent est un ancien camarade d'atelier, et le coudoient tous les jours.*

« Au point de vue des idées, on s'explique mieux la modération ou la prudence des travailleurs du Livre, car ils travaillent souvent chez un patron qui est l'imprimeur de fractions politiques quelconques, qui souvent travaille exclusivement soit pour des socialistes, soit pour des cléricaux... Pour ces motifs, il ne peut, dans son travail, manifester bruyamment ses tendances; c'est peut-être ce qui explique la modération relative des camarades typos, qui ne peuvent cependant avoir tous les opinions des patrons chez lesquels ils travaillent successivement. »

Ne peut-on donc rien obtenir par la méthode pacifique ? — « Regardons autour de nous ! Nos camarades d'Autriche, d'Allemagne, d'Angleterre, de Suisse, ont réussi par cette méthode à obtenir un maximum de résultats au sujet de la diminution des heures de travail et l'établissement d'un minimum général de salaire, après avoir obtenu la journée de 9 heures. Pourquoi n'obtiendrions-nous pas en France, et par les mêmes moyens, des résultats identiques ? »

M. KEUFER rappelle qu'il a dû lutter pour faire admettre les anarchistes au Congrès de

Londres en 1896. Il serait vraiment extra-ordinaire que ceux-ci frappent aujourd'hui de leurs excommunications les organisations qui s'affirment comme hostiles à *l'action directe*. Il est permis de penser que l'action directe, violente, est contraire à l'intérêt même des ouvriers parce qu'elle amène inévitablement des représailles, dont les travailleurs seront les victimes. D'ailleurs, les réformistes ne veulent aucunement entraver la liberté des organisations qui préfèrent employer la méthode révolutionnaire.

****

M. Pouget répond très habilement aux critiques apportées contre la Confédération du Travail et ceux qui la dirigent.

Au Congrès de Londres, en 1896, M. Keufer était presque traité d'anarchiste pour avoir pris la défense des syndicalistes anarchistes. Aujourd'hui, c'est lui qui accuse les autres d'être anarchistes, alors qu'il n'y a ici que des délégués de syndicats.

On ne peut faire de distinction entre les réformistes et les révolutionnaires, puisque ces deux tendances ont le même but : l'expropriation capitaliste. Voilà la base nécessaire. Et c'est grâce à cette base économique qu'à la Confédération générale du Travail s'est faite l'union des militants d'écoles les plus diverses. Blanquistes, guesdistes, allemanistes, anarchistes, indépendants, marchent la main dans la main, menant ensemble le bon combat pour la suppression du salariat. « *La distinction n'est donc pas entre réformistes et révolutionnaires, mais entre les partisans de la suppression du salariat et ceux qui, oubliant les principes fondamentaux de la Confédération générale du Travail, se laissent aller à poursuivre l'entente entre le capital et le travail. Ceux-là sont les partisans de l'aplatissement!* »

M. GRIFFUELHES se défend à son tour. Il cite des articles de la *Voix du Peuple* qui ne sont pas de lui, mais de M. GUÉRARD, qui l'accuse aujourd'hui de violence. Lui n'a jamais écrit ce qu'écrivait M. Guérard, en juin 1901, lorsque la Bourse du Travail fut envahie par la troupe : « Il fallait une *journée* à Waldeck... Si le sang n'a pas coulé, ce n'est pas sa faute; cela tient à ce que les travailleurs n'avaient pas d'armes. Ils avaient le droit de brûler la cervelle aux bandits qui violaient leur domicile à main armée. »

« Je demande, dit M. GRIFFUELHES, qu'on apporte un article semblable de moi. »

Le secrétaire général de la Confédération proteste contre l'accusation d'avoir désorganisé certaines Fédérations par une propagande hostile et par l'acceptation de syndicats, qui auraient dû régulièrement appartenir à ces Fédérations et par conséquent être refusés par la *Confédération*.

Le rapport confédéral est enfin mis aux voix et accepté par 825 voix contre 369, 14 bulletins blancs et 20 bulletins nuls, sur 1214 votants.

La Représentation proportionnelle.

En s'occupant, dit M. MAROUX (du Livre), du nouveau mode de représentation à la Confédération, même dans les Congrès, les corporations n'obéissent qu'au très légitime désir d'assurer, dans les manifestations du monde ouvrier, l'expression sincère, exacte des idées, des tendances de la vie syndicale pour la lutte économique. Il n'est nullement question d'éliminer de l'administration de la Confédération tel élément plutôt que tel autre, mais de tenir compte de l'importance de chacun et de lui assurer le rôle auquel il a droit ; tandis qu'avec le système des syndicats, représentés par unité, sans tenir compte de l'importance de chacun, le Comité Confédéral a une action, en apparence, mais cette action, en réalité, est *soutenue par une faible, très faible proportion de travailleurs.*

Un des arguments le plus fréquemment invoqués, et celui qui flatte le plus les petites organisations, c'est que la représentation proportionnelle est antiégalitaire ; car elle institue deux catégories de groupements : ceux qui sont supérieurs par le nombre et par de puissantes Caisses et ceux qui sont inférieurs par leur pauvreté et le nombre restreint de leurs adhérents.

Mais l'égalité n'existe pas, répond M. Maroux, et ne peut exister. Le travail d'un typographe, d'un coiffeur, d'un employé, n'a pas l'importance de celui d'un mineur, d'un boulanger, d'un employé de transports. On peut se passer quelque temps du travail de certaines professions, tandis que l'arrêt du travail d'autres professions devient une menace pour toute la société. Donc il n'y a pas d'égalité ; on rencontre partout l'inégalité.

Au point de vue de l'organisation, peut-on prétendre qu'il y a égalité entre les Fédérations qui comptent de 10 à 20.000 membres et celles qui n'en comptent que 100, 40 ou même 10 ? Les décisions prises en commun à la Confédération, ou dans les Bourses du travail, affecteront-elles au même degré les organisations nombreuses et celles qui comptent peu d'adhérents ?

On prétend que la représentation proportionnelle détruirait l'égalité en écrasant les petits syndicats. Mais si l'on craint l'effacement des petits syndicats, que peut-on dire aujourd'hui en voyant *les petits groupes, souvent représentés par deux ou trois membres, lorsque ce n'est pas par le secrétaire tout seul, étouffer la voix des organisations les plus fortes ?*

Les puissantes Fédérations supportent les conséquences des graves résolutions prises en commun. *Il n'y a que les petits groupements qui peuvent, à leur gré, sans rien compromettre de leurs intérêts personnels, se livrer à de continuelles affirmations de principes révolutionnaires. Cette action énergique sans responsabilités effectives est-elle le rôle des minorités ?*

On entretient l'illusion dans le public sur les véritables opinions de la masse ouvrière, on s'expose aux pires déceptions, aux plus décourageantes surprises. Et les mesures prises en commun, qui entraînent des conséquences morales et *de solidarité financière,* n'imposent de réelles et lourdes obligations qu'aux grandes organisations.

Il y a une autre question : c'est celle de la proportionnalité des cotisations. Les grandes organisations versent scrupuleusement leurs cotisations en proportion du nombre de leurs adhérents. Il est juste qu'aux charges financières corresponde une proportionnalité d'action.

Le Congrès dira si les organisations importantes n'ont d'autre droit que celui d'écouter, de suivre et de payer.

***

M. Vibert (*de la Marine*) répond que ce ne sont pas les petites organisations *seules* qui récusent la représentation proportionnelle. C'est la Fédération de la Marine qui compte 12.000 adhérents, la Fédération de la Métallurgie qui en compte 11.500, celle des bûcherons qui a 4.500 membres. Si lui-même est hostile à la représentation proportionnelle, c'est qu'il redoute de voir la *Confédération* accaparée par les travailleurs de l'Etat et ceux-ci réduits à l'impuissance par l'intermédiaire des pouvoirs publics. — Les travailleurs de l'Etat ont déjà obtenu les 8 heures de travail, et cependant leur devoir est de s'unir à tout le prolétariat pour faire triompher partout cette réforme.

Si la représentation proportionnelle était pratiquée par les travailleurs de l'Etat, il se produirait des injustices et des anomalies entre leurs divers groupements. Des syndicats, comme ceux des établissements d'Indret ou de Guérigny, qui ont très peu de personnel, mais dont la totalité des ouvriers est syndiquée, se trouveraient en état d'infériorité et ne pourraient jamais faire entendre leurs revendications.

M. COUPAT (*des Mécaniciens*) est partisan de la représentation proportionnelle. — L'exemple du Congrès actuel le confirme dans cette conviction. Le trop grand nombre des délégués présents (*plus de 1200 mandats représentés*) est d'un grave inconvénient pour la direction et la clarté des débats. La masse des congressistes qui ne peut prendre part aux débats devient intolérante, les séances sont tumultueuses. Et, d'autre part, est-il utile de persister à demander aux organisations ouvrières des sacrifices si considérables, en considérant l'unité syndicale comme base de représentation et en appelant chaque groupement à se faire représenter?

Le système actuel est, en réalité, un système de représentation proportionnelle, mais de représentation proportionnelle viciée, en ce sens que le nombre de mandats correspond aux sacrifices que se sont imposés les différentes Fédérations. Les syndicats de chemins de fer, si nombreux, ne sont représentés que par 5 délégués et perdent par conséquent le bénéfice de leur solide organisation.

On parle du pouvoir magique d'une minorité agissante; mais, dans les Congrès internationaux, en face des puissantes organisations étrangères, quelle est la corporation française pouvant leur être comparée ? La Fédération du Livre, dont on attaque ici les visées et dont on conteste les résultats. Comme les syndiqués anglais, allemands, les syndiqués du Livre ont bien compris que *ce n'était pas avec des formules idéales et des spéculations métaphysiques qu'on retenait l'ouvrier au syndicat.* — Les organisations créées ainsi, au lendemain d'un emballement de réunion publique, ne peuvent avoir d'existence réelle et ne sont que fumée.

Si l'on veut que « *la faiblesse de nos syndicats cesse d'être un objet de pitié pour les camarades étrangers* », il faut prendre d'autres procédés.

« A Lyon, ajoute M. COUPAT, nous n'étions que quelques-uns ; à Montpellier, c'est 74 mandats qui demandaient la Représentation proportionnelle ; dans quelques années nous serons la majorité.

« Il ne faut pas désespérer de cette évolution. — Ceux qui y sont hostiles aujourd'hui étaient de même hostiles au syndicat, il n'y a pas longtemps. Ils venaient contrecarrer la propagande syndicale et affirmer aux travailleurs que leur entrée dans ces organisations était l'aliénation de leur liberté, l'abdication de leur dignité. »

M. Henriot, au nom de la *Fédération nationale des Allumettiers* qu'il représente, se déclare hostile à la représentation proportionnelle. Les ouvriers allumettiers ne sont en effet que 1.900. — 95 pour cent d'entre eux sont syndiqués. Ce pourcentage est supérieur à celui de toute autre Fédération, y compris celles du Livre et de la Métallurgie. Si la représentation proportionnelle était votée, ce vote constituerait un avantage sérieux en faveur de certaines branches de l'industrie, auxquelles sont affectés des centaines de mille de travailleurs, tandis que la Fédération des allumettiers ne pourra s'étendre, non plus qu'augmenter de beaucoup le chiffre de ses syndiqués, et sera sacrifiée.

M. Keufer (*du Livre*) fait une savante énumération des procédés de vote adoptés par les différents pays, où le syndicalisme est le mieux organisé. — Partout, est pratiquée la représentation proportionnelle. Sur 43 organisations fédérales adhérentes à la Confédération du Travail, il en trouve 20 comptant 114.000 membres et 23 n'en comptant que 22.550. — En supposant que, dans une circonstance grave, on vote par unités fédérales, 22.550 syndiqués écraseront les 114.000 qui leur sont opposés. — Rien de moins logique!

**

M. NIEL (*Secrétaire général de la Bourse de Montpellier*) constate qu'à chaque Congrès ouvrier, comme à chaque exposition, il faut un « clou ». Celui de Lyon fut *la législation ouvrière;* celui de Montpellier *l'Unité ouvrière ;* celui de Bourges *la Représentation proportionnelle.*

M. NIEL est hostile à la Représentation proportionnelle pour des raisons d'ordre matériel et des raisons d'ordre moral.

Avec la représentation proportionnelle, le nombre des délégués ne pourrait qu'augmenter et on se rapprocherait ainsi peu à peu de ce Parlement ouvrier que tout le monde craint et qu'il faut éviter.

Et comment serait établie la représentation proportionnelle ? *Sur le nombre de syndicats, ou sur le nombre de syndiqués ?*

Dans le premier cas la chose est facile, mais ce ne serait pas la vraie représentation proportionnelle, puisqu'une Bourse de 30 syndicats peut avoir moins de syndiqués qu'une Bourse de 3 syndicats. Et pourtant une Bourse aura plus de mérite à grouper 30 petits syndicats que 3 importants.

Pour établir une juste représentation proportionnelle sur le nombre de syndiqués, il faudrait qu'il fût possible de contrôler le nombre de syndiqués dans chaque organisation ; il faudrait fouiller dans les livres de comptes, dans les listes d'adhérents, dans la vie intime de chaque syndicat. Que de protestations !

Les Fédérations n'ont pu, pour ces raisons, appliquer chez elles la représentation proportionnelle. — Les Bourses du travail, pas davantage. — Comment donc se fait-il qu'une chose, qui est si en défaveur dans les organismes secondaires, devienne si parfaite et soit en si grande faveur pour l'organisme supérieur de la Confédération ? Chaque fois qu'un Secrétaire de Bourse veut savoir le nombre d'adhérents d'un syndicat, il se heurte à la résistance des administrateurs qui ne tiennent pas beaucoup à faire connaître le nombre de leurs syndiqués, les uns parce qu'il est trop faible, les autres parce qu'ils ne veulent pas payer des cotisations pour tous.

Les arguments d'ordre moral sont au nombre de trois :

Le premier, c'est le droit des minorités. Pour avoir une exacte proportionnalité, il faudrait que les minorités de chaque syndicat fussent représentées.

Le deuxième, c'est que la représentation proportionnelle serait la mort sans phrases de la solidarité ouvrière. — Les Anglais, les Allemands, les Américains appartiennent à une race de tempérament froid, mathématique, positif. En France le sentimentalisme domine tout. Les différences de caractères doivent se manifester par des différences de faits. La représentation proportionnelle, introduite dans les organisations françaises, y amènerait des éléments purement matériels de calculs, de chiffres, en remplacement de la vraie solidarité ouvrière.

Le troisième, c'est le réveil de *l'aristocratie proportionnelle*. Les rivalités corporatives avaient, *au bon vieux temps du compagnonnage*, créé des aristocraties professionnelles, dont il subsiste encore des vestiges. Grâce aux Bourses du travail, où se rencontrent les ouvriers de toutes professions, les rivalités s'éteignent. La représentation proportionnelle, en accordant à certaines corporations une supériorité numérique, réveillerait ce sentiment assoupi.

Enfin pour quel objet si important réclame-t-on la représentation proportionnelle? Pour *l'administration* de la Confédération. Et c'est pour des questions purement administratives que, chaque fois qu'il faudrait émettre un vote au sein de la Confédération, on irait mettre en branle un mécanisme aussi lourd, aussi compliqué ?

M. LUCAS (*des Employés*) trouve que les arguments invoqués par M. Niel ressemblent étrangement à ceux qu'emploie, « au Sénat, le réactionnaire Cordelet » lorsqu'il se contente de dire : « Nous ne contestons pas le caractère de justice de la réforme proposée, mais elle rencontrerait des difficultés pratiques de réalisation tellement insurmontables qu'on se trouve dans l'obligation de la repousser. » Ceci pour les arguments d'ordre matériel. — Si on passe aux arguments d'ordre moral préconisés par M. Niel, l'orateur développe une belle tirade, dont il est difficile de découvrir le sens obscur.

« Si le sentiment est une très belle chose, dit-il, il est aussi une chose dont on doit se méfier ; il se base, en effet, soit sur la raison, sur l'intelligence ou sur les *poussées d'un ordre plutôt instinctif. Et il se produit ce fait que, si les arguments qu'il fournit sont basés sur la raison pure, ils nous amènent à des conclusions efficaces et de progrès ; mais s'ils sont basés sur le cœur, c'est-à-dire sur l'esprit qui existe en nous de par les atavismes ancestraux et les emprunts de l'éducation, il peut aboutir à la pure réaction et au plus hideux des scepticismes religieux.* (Applaudissements.)

« Il faut donc se méfier des arguments d'ordre sentimental.

« Il est permis, sans être soupçonné d'esprit d'inquisition, de réclamer la cessation de procédés de dissimulation, qui sont indignes des organisations ouvrières.

« On a mis en cause notre Fédération, ajoute M. Lucas, et rappelé l'invalidation au Conseil supérieur du travail de notre élu Dalle, sur l'injonction d'une Fédération jaune (1). » — (Cette Fédération est celle des employés dont le siège est à Rouen et qui est nettement réformiste, mais nullement jaune).

____

(1) M. Dalle avait été élu. On contesta dans cette élection le nombre de voix, considérablement majoré, de la Fédération des employés, et l'élection fut cassée, après vérification du nombre exact des membres de la Fédération.

M. Pouget remet les choses au point.

— « Vous avez voulu faire fusion avec cette Fédération ! » s'écrie-t-il.

— « Oui, répond M. Lucas, j'ai été au Congrès de la Fédération de Rouen chercher un terrain d'entente, pas entre nous et la Fédération, mais entre nous et quelques syndicats réellement ouvriers, fourvoyés dans cette organisation.

« On prétend qu'il y a grand intérêt à maintenir le système actuel qui a pour base générale la solidarité ouvrière. *Au lieu de bercer certaines catégories de travailleurs avec ces grands principes de solidarité ouvrière, au lieu de les habituer à compter sur leurs camarades et non à compter sur eux-mêmes, c'est un devoir de ne pas leur dissimuler que tout progrès à réaliser exige un effort et qu'il faut accomplir cet effort.*

« Ce qu'il faut demander aux petits syndicats, c'est d'abandonner ce mesquin sentiment d'orgueil corporatif, et avant de songer à leurs intérêts propres, de penser aux intérêts généraux du prolétariat.

« Quelle serait la conclusion d'une grève générale, votée par une majorité apparente d'organisation représentant 2 à 3.000 syndiqués, contre une minorité en représentant plus de 100.000 ? »

L'orateur cite l'opinion de M. LIÉNARD, aujourd'hui adversaire de la représentation proportionnelle.

« A Tourcoing, disait M. LIÉNARD au Congrès de Lyon, nous avons 5 syndicats rouges qui représentent 3.000 membres et 34 syndicats jaunes qui n'en renferment que 1.200. S'ils étaient ici et que nous votions par mandat, ils auraient forcément raison de nous. C'est donc le nombre d'adhérents qui doit être consulté, et non le nombre de mandats ! »

« Peut-on s'imaginer que c'est une minorité de syndiqués, à la *Confédération du Travail*, faible minorité elle-même du monde ouvrier, qui pourrait assumer la direction d'un mouvement de millions de prolétaires français ? Une faible minorité de travailleurs réussirait-elle à entraîner dans la lutte l'immense majorité de la classe ouvrière ? Il y a là un danger, affirme M. LUCAS, et ce danger, nous devons à nos mandants de le signaler au Congrès !

« On en est réduit, pour défendre la thèse contraire, à reprendre la vieille théorie des majorités inertes et des minorités agissantes. On invoque 1789 ; mais si alors le mouvement révolutionnaire, qui a si fréquemment échoué à d'autres dates, a pu triompher, c'est que ce mouvement était largement préparé et que la masse de la nation y était acquise. Malheureusement, ajoute l'orateur, pour la Révolution économique que nous voulons faire, nous ne sommes pas suffisamment préparés pour que la minorité entraîne la majorité. »

***

Si l'on accepte la représentation proportionnelle, affirme M. Luquet, il faudrait la pratiquer dans le Comité fédéral des Bourses, et il arriverait que quelques grandes Bourses, comme celle de Paris, alliée à celles de Lyon, de Marseille et de Bordeaux, suffiraient pour avoir la majorité et étouffer toutes les autres Bourses de province. Ce seul argument suffirait pour condamner la représentation proportionnelle.

On redoute que les petites organisations, par leur multiplicité, majorent les grandes et qu'un petit nombre de syndiqués fassent la loi au plus grand nombre. Mais il faut tenir compte que *les votes confédéraux ne signifient qu'une indication et nullement un ordre.* Personne n'est obligé de s'y soumettre absolument.

La représentation proportionnelle basée sur le nombre des syndiqués ne saurait être logique, car certaines industries et certains métiers ne peuvent compter une aussi grande quantité que d'autres. L'alimentation, qui compte peut-être 500.000 travailleurs, pourra grouper plus d'individus que la typographie, qui n'en compte que 20 ou 25.000 au maximum. *Est-il juste que telle corporation ou telle industrie écrase telle autre profession ?* Ou alors, il faut déclarer que les *typos* sont moins utiles que les pharmaciens et les coiffeurs, moins utiles que les mineurs, et proposer une représentation proportionnée à l'utilité sociale de chaque industrie et de chaque métier. Qu'importe alors le nombre des syndiqués ?

« La vérité, conclut M. LUQUET, est que ce sont toujours les minorités qui sont les plus actives et que pour cela il faut les laisser se produire, ne pas les étouffer. C'est la minorité des travailleurs qui est syndiquée, et ce sont dans les syndicats des minorités de syndiqués qui poussent les autres. Les gros bataillons, embarrassés souvent de mutualisme, ne se mettent en branle que difficilement et il faut les entraîner.

« La représentation proportionnelle, ajoute-t-il, ne peut servir qu'à brider l'action syndicale. »

*
* *

M. LAUCHE rappelle qu'au Congrès de Rennes, en 1898, ce fut le syndicat des chemins de fer, alors considéré comme le plus révolutionnaire des syndicats ouvriers, qui porta cette question devant le Congrès. — Il n'est donc pas exact que ce soit une proposition que seuls puissent accepter les réformistes. Et cependant on accuse les partisans de la représentation proportionnelle d'être les agents du ministère, qui veut imposer ce mode de votation à la Bourse du travail de Paris.

Il est absolument nécessaire que la *Confédération* représente les idées et les tendances de la majorité syndicale, si on veut que les décisions et les indications données soient respectées.

Pourquoi ensuite condamner, avec la représentation proportionnelle, les institutions de solidarité, qu'à l'exemple des syndicats étrangers, les grandes organisations françaises ont développées, afin de mieux armer les syndicats pour l'action journalière contre le patronat ? Ces institutions ne peuvent que développer l'action syndicale et non l'entraver.

Représentation proportionnelle ne signifie ni piétinement, ni recul. De quel droit fait-on de pareilles affirmations ? Rien ne les motive, ne les justifie.

Parmi ceux qui traitent les autres de réformistes et se déclarent pour cela hostiles à la représentation proportionnelle, il y a les coiffeurs, dont l'organe corporatif (25 juillet 1903) contenait la déclaration suivante :

« Nous préférons l'entente et la solution à l'amiable au conflit, car nous considérons que le conflit économique, fatal souvent, a pour les organisations ouvrières les résultats qu'ont pour les particuliers les procès et pour les nations la guerre. Ils laissent, suivant le proverbe, le vaincu tout nu et le vainqueur en chemise. »

Les peintres sont aussi contraires à la représentation proportionnelle, et cependant c'est la corporation qui, dans ses Congrès, pour le succès de ses revendications, fait constamment appel au législateur.

De même les syndicats du *Textile*, qui mettent à l'ordre du jour de leurs Congrès l'examen des lois ouvrières.

Dans toutes les professions, on s'intéresse ainsi aux réformes, on les discute avec la ferme intention de les faire aboutir. Il ne faut donc pas essayer de faire croire que seuls les syndicats partisans de la représentation proportionnelle songent aux réformes pacifiques.

Que résulte-t-il de la tactique actuelle ?

La Confédération générale du Travail réunit, d'après le bilan qui est soumis au Congrès, 132.480 adhérents ; les cotisations pour les deux sections réunies ont produit 20.092 francs pour 22 mois, soit 914 francs par mois. — L'encaisse est de 3.639 francs. Est-ce que cela est suffisant ? Est-ce que cette organisation est parfaite ? Et peut-on être blâmé de rechercher une meilleure organisation ?

En Angleterre, on compte 1.925.000 syndiqués et les recettes se chiffrent par 52 millions de francs. Et qu'on ne dise pas que ces 52 millions ne servent qu'à la mutualité. Sur les dépenses qui sont de 42 millions, 9 millions seulement vont en indemnité de chômage et la différence est employée pour l'action, la propagande et l'organisation intérieure des syndicats.

La représentation est simple, puisqu'on accorde une voix par syndiqué.

En Allemagne, où l'on compte 1.092.000 syndiqués pour la représentation aux Congrès, on forme des sections de 75 à 100 syndiqués qui ont une voix pour la désignation des délégués.

En Autriche, en Danemark, en Suède, en Norvège, on procède de même qu'en Allemagne.

Et pourquoi ce qui est bon à l'étranger serait-il mauvais en France ? *Craint-on de connaître la pensée exacte de la majorité des syndiqués ?*

***

En donnant, à chaque organisation adhérente à la Confédération, une voix au Comité confédéral, on écrasera souvent la majorité réelle.

Les chiffres sont éloquents à ce sujet :

Charpentiers, Confection militaire, Syndicat national des correcteurs, Coupeurs-brocheurs, Magasins de la Guerre, Habillement, Modeleurs, Artillerie, Poudrerie, Sabotiers, Pêcheurs de Cette, Elèves en pharmacie, Facteurs de pianos, Monnaies-Médailles, Jardiniers, Professeurs libres, Découpeurs, Mouluriers, Blanchisseurs, Brossiers, Carriers, Sellerie, *soit 20 organisations ayant chacune droit à une voix, à un délégué, réunissent ensemble 5.856 syndiqués, ayant 20 voix à la Confédération.*

Les vingt organisations suivantes :

Allumettiers, Chapeliers, Culinaire, Maréchalerie, Cuivre, Peinture, Teinture-apprêts, Transports et Manutention, Voiture, Bâtiment, Bijouterie, Alimentation, Ameublement, Céramique, Coiffeurs, Cuirs et Peaux, Lithographie, Verriers, Menuisiers, Tonneau, groupent 32.750 syndiqués.

C'est donc 32.750 syndiqués, soit cinq fois plus que les vingt premières organisations, qui ne disposent, à leur tour, que de 20 délégués, 20 voix.

Les dix organisations suivantes :

Agricoles du Midi, Civils et établissements de la Guerre, Maçonnerie-Pierre, Mécaniciens, Transports, Travailleurs municipaux, Mouleurs, Ports et Docks, Syndicat du téléphone, Bûcherons, groupent 40.200 syndiqués, huit fois plus que les vingt premières organisations citées, et ne disposent que de 10 délégués, 10 voix au Comité fédéral.

Les six dernières organisations :

Chemins de fer, Fédération du Livre, Marine et Etat, Métallurgie, Textile, Tabacs, groupent 60.450 syndiqués et ne disposent que de 6 voix, 6 délégués.

Il y a donc au Comité confédéral :

20 organisations groupant 5.856 syndiqués;
20   —   —   32.750   —
10   —   —   40.200   —
 6   ...   —   60.450   —

Comme chaque organisation adhérente a droit à une voix, on obtient avec les quarante premières organisations 38.606 syndiqués donnant 40 voix, contre 16 données aux seize dernières, qui groupent 100.650 adhérents.

Le syndicat des élèves en pharmacie adhérant directement à la *Confédération* et groupant 40 membres a droit à 1 délégué, à 1 voix, tout comme la Fédération de la Marine en groupant 12.000 !

« Il est nécessaire, conclut M. Lauche, d'accepter un système plus juste, plus conforme à la logique. »

***

En fin de cette longue discussion, la représentation proportionnelle fut encore repoussée par 822 voix contre 388 et une abstention.

Le mouvement d'agitation pour la conquête des huit heures.

Quels sont les moyens pratiques à employer pour faire triompher cette importante revendication ?

Deux méthodes d'action étaient préconisées :

L'une consistant en l'élaboration d'un projet de loi qui serait transmis aux pouvoirs publics par le Comité confédéral.

L'autre tendant à se tenir à l'écart des

pouvoirs publics, à exercer toute la pression possible sur les patrons, à les frapper par tous les moyens : l'*Action directe*, en un mot.

La commission du Congrès se prononça, à l'unanimité moins troix voix, en faveur de l'*Action directe*.

Il fut déclaré que jusque-là les moyens pacifiques n'avaient obtenu aucun résultat pratique, soit qu'il s'agît des délégations du 1er mai auprès des pouvoirs, soit qu'il s'agît des vastes pétitionnements organisés pour la suppression des bureaux de placement.

Pour aboutir, il fallait cependant que la revendication de la journée de huit heures fût assez importante pour attirer l'attention et les efforts de tous.

Il était aussi nécessaire de canaliser tout l'effort syndical vers cette *seule* revendication.

A partir du 1er mai 1906, le mouvement devrait être dirigé exclusivement contre les patrons réfractaires à la journée de huit heures.

Pour que ce mouvement ait chance d'aboutir, il était indispensable que le Congrès donnât au Comité confédéral les moyens financiers ; il fut donc décidé qu'une cotisation de 0 fr. 10 par 100 membres et par mois serait imposée aux Fédérations et qu'un prélèvement de 5 0/0 serait opéré sur les cotisations globales des sections des Bourses et des Fédérations, pour assurer l'existence du « Comité de propagande pour la journée de huit heures ». Si cette subvention n'était pas suffisante, comme il était facile de le prévoir, le Comité était autorisé à faire circuler des listes de souscription.

***

M. KEUFER trouve qu'au point de vue pratique il est illusoire d'affirmer qu'on pourra appliquer, dans un délai très court, la journée de huit heures. Le bon sens indique qu'il faudrait tout d'abord obtenir l'observation de la journée de dix heures dans les professions qui ne bénéficient pas encore des dispositions de la loi de dix heures. Il est d'avis,

et très catégoriquement, que l'on poursuive
d'abord la *journée de neuf heures*, car l'application de la journée de huit heures aurait
une répercussion trop grave sur les diverses
industries.

M. BONTEMPS déclare qu'il ne voit pas
beaucoup l'utilité d'une campagne spéciale
pour l'obtention de la journée de huit heures,
puisque l'on ne peut même pas faire appliquer immédiatement la loi de dix heures. Le
système proposé n'est qu'un palliatif à la
grève générale qui seule pourra amener
l'émancipation intégrale du prolétariat.

M. POUGET répond qu'on a tort de croire
que les révolutions éclatent en plein soleil ;
elles n'éclatent que lorsque l'atmosphère est
saturée d'électricité révolutionnaire.

La question de la conquête de la journée
de huit heures est une de celles qui, dans les
circonstances actuelles, obsède le plus la
classe ouvrière. Pour l'obtenir, il faut une
énergie et une ardeur inlassables. C'est une
besogne révolutionnaire qui implique une
activité de tous les instants. Il faut orienter

les cerveaux, les obséder de cette préoccupation : *les huit heures*. Il faut que toujours et partout les travailleurs y pensent, jusqu'au jour fixé pour la réalisation de l'effort décisif.

La proposition de vote de la journée de *huit heures* fut adoptée à une grosse majorité.

Il ne fut pas question, au cours du congrès, de la tactique à employer pour obtenir cette réforme ; mais nous pouvons en donner ici le principe.

Il s'agissait, dès la huitième heure sonnée, de vider les ateliers, malgré la résistance des patrons et de leur imposer par la force d'inertie ce qu'ils ne voulaient pas accorder de leur plein gré.

Si la tactique avait été universellement observée, il n'est pas douteux qu'elle eût été parfaite ; mais le malheur était qu'elle ne pouvait être universellement observée et que toutes les unités qui composent « la classe ouvrière » ou « le prolétariat » sont loin de penser de même et d'agir de même. — S'il avait été seulement question d'empêcher les ouvriers de réintégrer l'usine, la violence et l'intimidation auraient pu y suffire ; mais il fallait forcer les ouvriers à quitter l'usine tous à la fois, et la violence et l'intimidation ne pouvaient assez librement s'exercer pour imposer cette discipline à tous les ouvriers de l'industrie.

Conférence des Bourses du Travail.

(19 et 20 septembre 1904.)

La conférence des Bourses eut lieu, — comme il avait été décidé, — à la suite du Congrès de Bourges.

91 Bourses sur 112 adhérentes à la section des Bourses s'y firent représenter.

On continua à cette conférence de désigner les délégués par les noms des villes dont ils sont délégués.

M. Lévy, trésorier, délégué à l'*Office national de statistique et de placement* indique sommairement le but de cette utile institution.

— Faciliter aux chômeurs leur déplacement d'une localité à une autre, en leur procurant les ressources financières indispensables.

— Renseigner les travailleurs de la façon la plus complète sur la situation du marché du travail dans les localités où ils ont l'intention de se rendre.

— Trouver, dans les renseignements que que ce service sera appelé à fournir aux travailleurs, les moyens d'établir des statistiques qui leur donneront des arguments, et partant les armes nécessaires pour discuter et défendre d'une façon irréfutable les intérêts de la classe ouvrière.

**

Le *viaticum* ne peut être assuré que par les Bourses du travail, le *viaticum* par Fédération n'étant pas possible dans toutes les corporations.

Pour Versailles, le *viaticum* est irréalisable. Il y a 200.000 syndiqués à la Confédération. Si 1.000 d'entre eux voyagent par jour à 1 fr., cela fait 1.000 fr., et, au bout de l'année, 365.000 fr. On ne peut assurer un service aussi complexe.

Pour MONTPELLIER, le maximum, qui serait de 30 fr. par année pour chaque voyageur, est absolument insuffisant. Que deviendra un voyageur, qui aura touché 30 fr. pour deux mois, pendant les dix autres mois de l'année ?

Le projet prévoyait les cotisations suivantes :

Pour les syndicats de

1 à 50 membres.....	0 fr. 50	par mois.
51 à 100 —	0 fr. 75	—
101 à 150 —	1 fr.	—
151 à 300 —	1 fr. 25	—
301 à 500 —	1 fr. 50	—
501 à 750 —	1 fr. 75	—
750 à 1000 —	2 fr.	—

et 0 fr. 50 en plus par fraction de 1.000 membres.

Tout fut remis en discussion et la question

renvoyée au prochain Congrès d'Amiens, par 48 voix contre 36 et 4 abstentions.

La déclaration de ce vote souleva les récriminations.

« Vous méconnaissez le véritable intérêt des Bourses en vous prononçant ainsi, dit Albi. C'est contre une personnalité (1) que vous votez, les travailleurs passent ensuite. »

« — C'est du chantage, protesta Brive. Que ceux qui sont battus s'inclinent. Personne ici n'a à recevoir de reproche que de l'organisation qu'il représente. »

« — Je m'étonne que lors des tournées, dit alors le Rapporteur, toutes les Bourses se soient prononcées pour l'obligation, et qu'ici, je ne sais par quel phénomène, elles viennent, par leur vote, se déjuger. »

*
* *

Les dépenses de l'Office national ouvrier de statistique et de placement avaient été

(1) M. Lévy, rapporteur du projet.

depuis sa création (27 mai 1902) jusqu'au 1er juin 1903, de 1.062 fr. d'imprimés, 496 fr. 85 de menus frais, 1.075 fr. 45 de correspondance, 4.105 fr. 50 d'appointements et 442 fr. 40 de délégations, soit, pour 12 mois, de 7.683 fr. 10.

Les appointements comptaient dans ce chiffre pour 300 fr. par mois.

Les recettes provenaient de la subvention ministérielle de 10.000 fr. pour 1902 et d'une nouvelle subvention de 10.000 fr. pour 1903.

***

Du 1er juin 1903 au 1er juin 1904, les dépenses s'étaient élevées à 1.358 fr. 50 d'imprimés, 202 fr. 45 de menus frais, 431 fr. 40 de correspondance, 3.900 fr. d'appointements, 3.195 fr. 60 de délégations : au total, 9.087 fr. 95.

Le chapitre « imprimés » était fortement grevé de 613 fr. 75 par la publication d'une brochure de propagande à 12.000 exemplaires.

En 1903, certaines protestations s'étaient produites au Sénat contre la subvention ministérielle. Celle-ci fut réduite à 7.000 fr. Elle ne fut également pour 1904 que de 7.000 fr.

Il restait en caisse au 1er juillet 1904 : 3.228 fr. 95.

Le Comité confédéral espérait que la constitution définitive de l'Office permettrait au ministère du Commerce de rétablir l'ancienne subvention.

D'autres délégués voulaient au contraire exiger que la subvention fût refusée par les syndicats.

Saint-Nazaire et Rennes déposèrent à ce sujet la proposition suivante :

« Considérant que les subventions, quelles qu'elles soient et de quelque part qu'elles viennent, font perdre l'esprit révolutionnaire aux organisations : Pour ces motifs, *les Bourses du travail*, réunies en conférence, *repoussent toute subvention de l'Etat, invitent le secrétaire de l'Office de placement à signifier ce vote au gouvernement.* »

« Je repousse cette proposition, dont le caractère ironique n'échappera à personne, s'écrie M. Lévy. »

« Il faudrait ajouter « les subventions municipales », dit à son tour le délégué de Paris.

L'ordre du jour pur et simple est adopté.

Mais les adversaires ne se laissent pas décourager.

Vierzon, Tarbes, Reims, Montauban, soumettent la proposition suivante :

« Considérant que la conférence des Bourses a repoussé le viaticum obligatoire ;

« Que, par conséquent, *la subvention gouvernementale n'a plus sa raison d'être ;*

« Nous proposons qu'un *referendum* soit fait pour fixer l'emploi de cette subvention. »

Chateauroux voudrait que cette subvention soit employée à établir le téléphone dans les Bourses.

Ces deux propositions sont renvoyées à la Commission et enterrées jusqu'au prochain Congrès.

CHAPITRE XII

Les Congrès d'Amiens.

Neuvième Congrès de la Confédération.
Quinzième Congrès national coopératif.

(Amiens, 8-14 octobre 1906.)

Le Congrès confédéral.
*L'insuccès du 1er mai 1906. — M. Griffuelhes se refuse à
le reconnaître. — Situation prospère du journal confédéral. — M. Keüfer se plaint du Comité confédéral et
critique sa méthode. — M. Guérard dénonce le rôle partial
du journal confédéral.
La question des huit heures. — Le contrat collectif. Ce
serait « l'étranglement du syndicalisme! » — M. Merrheim
ne veut plus du droit romain. Il revendique le droit
nouveau.
Relations du parti syndicaliste avec le parti socialiste
politique. — Danger de ce procédé d'action. — MM. Bousquet et Niel se refusent à marcher à la remorque des
politiciens. — M. Merrheim attaque le syndicalisme
guesdiste du Nord. — M. Keüfer est partisan de la sépa-
ration des deux actions. — 830 voix contre 8 dénoncent
le danger de l'entente.
L'antimilitarisme. — Plusieurs thèses assez différentes
sont développées sur ce sujet. — L'antipatriotisme est
attaqué par M. Keüfer. — La grève générale.
La conférence des Bourses. Viaticum libre ou obligatoire? Il restera libre. — Les subventions gouvernementales et municipales.*

La *Confédération* est alors composée de
61 Fédérations comptant 2.399 syndicats. Il

y avait augmentation, depuis le dernier congrès, de 607 syndicats.

D'autre part, la Fédération des Bourses comptait un nombre de 135 Bourses, comprenant 1.609 syndicats. C'était trente Bourses de plus en deux années.

Le rôle qu'avait joué la Confédération depuis le précédent congrès avait consisté à préparer une période d'agitation et de trouble, le 1er mai 1906, pour la conquête des huit heures. La consigne donnée aux syndiqués était bien simple. Ils devaient quitter l'usine sans tambour ni trompette, dès la huitième heure écoulée. Cette tactique devait débuter au 1er mai 1906 et se poursuivre jusqu'à la soumission des patrons à cette exigence ouvrière.

La plupart des ouvriers ne s'étaient pas adaptés à cette stratégie savante. Ils avaient parlé haut et menacé de la grève, si les patrons ne leur donnaient pas l'autorisation préalable de ne plus travailler que huit heures. Mais les patrons étaient *avertis* et *résolus à résister*. De plus, il était fort maladroit pour les organisations ouvrières de susciter des grèves partout à la fois, sans avoir les ressources nécessaires pour les soutenir. *C'était tout le contraire de la grève par échelons,* qui donne aux ouvriers de si merveilleux résultats. C'était l'incohérence et l'inorganisation. On ne conçoit même pas que des gens, aussi remarquables par leur intelligence et leur ardeur, que ceux qui dirigent la Confédération et les grandes Fédérations d'industrie, aient adopté un moyen si primitif de lutte. Il est préférable de croire que l'électricité, qu'ils avaient répandue dans l'air par leur propagande incessante et hardie pour « les huit heures », mit le feu, trop vite et trop complètement, au magasin des poudres de la Confédération. L'échec du 1er mai 1906 fut sensible à de nombreuses Fédérations, qui y perdirent une certaine quantité de leurs syndicats découragés et ruinés (1). La Confédération avait

(1) Voir le Congrès de l'Union fédérale de la Métallurgie en 1907. — Il y est fortement question des nombreux syndicats démissionnaires à la suite de l'échec du 1er mai 1906.

maladroitement manœuvré en invitant les syndiqués à imposer leurs revendications à leurs patrons, et les abandonnant ensuite à leurs propres forces. Non seulement, grâce à ce mouvement d'ensemble, les Fédérations ne pouvaient soutenir leurs adhérents financièrement, mais elles ne pouvaient pas même leur envoyer des orateurs et des chefs — (des *meneurs*) — pour conduire les opérations et exalter les courages défaillants.

Cependant le secrétaire général de la Confédération, M. GRIFFUELHES, se refusait à reconnaître l'échec complet du mouvement. Il voulait qu'il y ait eu un triomphe moral et il s'obstinait à répéter qu'on n'avait pas poursuivi d'autre but.

« Le Congrès de Bourges, dit-il dans son rapport, a voulu donner cet immense effort, afin de répandre dans la grande masse ouvrière les idées qui animent les militants et les organisations syndicales. Le problème à résoudre tout d'abord était donc, par une propagande vigoureuse, d'atteindre chez lui le travailleur resté étranger au mouvement syndical. Il fallait poser, devant l'opinion publique ignorante, la question de la durée du temps de travail et la rendre sympathique à cette amélioration... Ce but a été atteint ! »

Il faut bien reconnaître, avec M. Griffuelhes, que les grands mouvements populaires secouent l'apathie des ouvriers et impressionnent l'opinion publique. Des ouvriers, qui ne connaissent pas le syndicat, en apprennent le chemin à l'occasion d'une grève, et si, comme contre-partie des indifférents qui se syndiquent, il y a des hésitants qui se découragent et abandonnent le syndicat, qui les a lancés dans des aventures hasardeuses, ceux-là ne sont découragés que momentanément, et ils reviendront assez facilement au syndicat, d'où ils ne sont sortis que dans un moment de dépit.

***

La *Voix du Peuple,* journal de la Confédération, avait peu progressé depuis le Congrès de Bourges. Son tirage, qui était alors de 5.800, ne s'élevait aujourd'hui qu'à 6.300 numéros. Cette stagnation provenait en grande partie de la saisie du numéro sur le Conseil de revision (février 1906) et des poursuites intentées contre les rédacteurs (poursuites qui ne furent d'ailleurs engagées que pour la forme et bientôt abandonnées). La liste des abonnés avait été saisie et certains abonnés intimidés.

Le budget continuait à s'équilibrer assez péniblement, par 48.000 fr. de recettes contre 48.000 fr. de dépenses.

La Commission des grèves et de la grève générale n'avait touché du 1er juin 1904 au 30 septembre 1905 qu'un millier de francs : maigre aubaine pour soutenir des grèves, payer des délégations, assurer la correspondance et préparer la grève générale.

*
* *

Le Congrès, comme hors d'œuvre, exécuta le journal socialiste du Nord, le journal de la Fédération des mineurs, de MM. Basly et Lamendin (1).

Il passa ensuite à la discussion du rapport du secrétaire de la Confédération.

***

M. KEUFER reprochait au Comité de n'avoir pas rendu justice à la Fédération du Livre. Celle-ci n'a jamais combattu le principe de la journée de huit heures, mais elle a jugé plus pratique de procéder graduellement et de réclamer d'abord la journée de neuf heures. Aussi le résultat a-t-il été réel! Dans plus de 150 villes, les typographes ont obtenu la journée de neuf heures, et dans un certain

(1) C'est le *Réveil du Nord*, qui n'est pas tendre pour les gens de la Confédération, dans lesquels il ne voit que des anarchistes, à en juger par ce passage que relève M. MONATTE :

« Il sera dit que la bande des misérables anarchistes envoyés dans le Pas-de-Calais par la Confédération du Travail, n'aura pas laissé une occasion de semer la division dans le prolétariat minier...

« Le referendum les avait anéantis, et, en même temps que les Lévy et les Sorgue francfilaient vers Paris, *les Monatte et les Delzant allaient essayer ailleurs leurs talents pour la propagande de l'incendie, du cambriolage et de la mendicité à main armée.* »

nombre d'autres villes, la journée de neuf heures et demie avec augmentation proportionnelle du salaire. — Tout autant que d'autres organisations considérées comme libertaires et révolutionnaires, la corporation du Livre s'est élevée jusqu'à la défense des intérêts généraux, jusqu'à des revendications ayant un caractère social de première importance.

M. Keufer faisait également grief au Comité confédéral d'avoir rompu avec le secrétariat international, dont le siège est à Berlin, parce que ce secrétariat a refusé de mettre à l'ordre du jour de la conférence internationale les trois sujets suivants : l'antimilitarisme, la grève générale et la journée de huit heures. C'était de l'intransigeance et de la maladresse.

M. Coupat appuyait cette manière de voir. Ce n'est pas en refusant de participer à des conférences que la Confédération risquera de faire partager ses vues. « Notre devoir, ajoutait M. Coupat, est d'aller aux conférences. Si vos idées sont bonnes, vous les ferez partager ; mais ne boudez pas et ne mettez pas le prolétariat français au ban du prolétariat international. »

***

M. GRIFFUELHES a, en réponse à ces critiques, l'air de faire fi des conférences qui se sont tenues et de l'œuvre du secrétariat international.

A Stuttgart, en 1902, dit-il, on décida que le siège du secrétariat serait fixé à Berlin et que sa fonction consisterait à transmettre les appels de grèves lancés par les Confédérations nationales, enfin que les réunions ne seraient que de simples conférences. — Et ce fut là tout le bilan du premier congrès.

A Dublin, le résultat fut encore plus typique : quatre jours de voyage pour trois heures de conférence. La conférence se réunit un après-midi, à 2 heures, et à 5 heures c'était fini !

Il y avait 7 ou 8 délégués internationaux à Stuttgart et une dizaine à Dublin.

Au mois de janvier 1906, M. Griffuelhes avait reçu mandat du Comité confédéral de s'aboucher avec la Commission syndicale d'Allemagne (équivalente au Comité confédéral), à l'effet d'organiser simultanément à Paris et à Berlin une grande démonstration contre la guerre qui menaçait d'éclater entre les deux peuples, au sujet du Maroc.

Il fut accueilli à Berlin par un refus formel, à moins qu'il n'acceptât d'organiser ces manifestations avec le concours des partis politiques socialistes des deux pays.

On se rendit donc au Reichstag, où se trouvait Singer. Les délégués des syndicats lui expliquèrent le but du voyage de Griffuelhes. Singer demanda à quelle date pourrait avoir lieu la démonstration. Griffuelhes répondit (on était au 16 janvier) qu'elle s'imposait immédiatement, étant donnée la gravité des événements... Singer demanda si le Comité confédéral agissait ou agirait de concert avec le parti socialiste. Griffuelhes répondit que, sur ce point, le Comité confédéral ne s'écarterait pas de son terrain et ne dérogerait pas à son autonomie. Singer alla trouver Bebel et il revint en disant que, pour que la démonstration pût avoir lieu, *il faudrait que le Comité confédéral s'abouchât avec le parti socialiste de France. Sur cette réponse, Griffuelhes se retira. Sa mission était terminée.*

La plaisanterie était cruelle. Vouloir forcer la Confédération, dont la représentation est libertaire et anarchiste, à prendre le mot d'ordre de M. Guesde, qui est le pontife du parti socialisté, ou de M. Jaurès, qui en est l'éloquent *leader,* c'était une exigence que seule la discipline allemande pouvait tenter d'imposer. Pelloutier eût bondi sous l'outrage. M. Griffuelhes, qui est d'une finesse plus avisée, se contenta de fuir, en déclarant qu'il gardait de son séjour à Berlin un souvenir plutôt mauvais, « car il ne rencontra pas cette courtoisie prévenante qui facilite les rapports et atténue les difficultés. » Ignorait-il qu'en Allemagne les ouvriers sont caporalisés sous la férule des sages docteurs de la bourgeoisie riche, qui constitue le Comité directeur de la *Social-democratie* ?

A la suite de ces explications, M. GUÉRARD attaqua la *Voix du Peuple*, dont la critique, le plus souvent, s'adresse à des organisations confédérées. Tel ne doit pas être le rôle du journal de la Confédération !

M. CLÉVY, au nom de la *Fédération textile*, dénonça l'insertion dans la *Voix du Peuple* d'articles préconisant une division dans cette organisation.

***

L'Office de statistique et de placement fut violemment attaqué par la Bourse du travail de Reims.

C'est pour un Office de placement, qui ne place personne, qui ne peut placer personne, qu'une subvention de 10.000 francs est demandée. Le moment est venu, pour les Bourses de province, de jouer un rôle moins passif « entre les mains des camarades de la capitale ». Si le gouvernement subventionne *le placement*, c'est directement aux

Bourses que doit aller cette subvention. — « S'il subventionne la Fédération des Bourses, nous demandons, dit M. GUERNIER (des textiles) à être consultés sur l'emploi de cette subvention. Vous protesterez avec nous, camarades, contre la dictature que veut nous imposer Paris. *Paris est grand, mais il n'est pas à lui seul toute la France.* »

Toujours l'éternelle jalousie de la province contre Paris.

M. LÉVY, trésorier-comptable, n'eut pas de peine à démontrer qu'il n'y a aucunement de sa faute, si le mécanisme du placement fonctionne d'une façon défectueuse. Quant à l'origine des fonds destinés à cet emploi, peu lui importe. « Il y a, dit-il, des subventions fort embarrassantes souvent. *Mais nous sommes chez nous dans les ministères, et c'est notre argent qu'on nous restitue !* »

La question des huit heures.

M. Clément (des serruriers) reconnaît que la tactique employée au 1er mai 1906 n'a pas donné les résultats attendus. Il faut donc revenir à la grève par échelons, à la grève *fractionnée* qui a donné d'excellents résultats.

M. Legouby est du même avis. Le prolétariat a eu, pendant la campagne des huit heures, toutes les forces gouvernementales coalisées contre lui (1). Cependant, l'orateur est partisan des grèves énergiques et adversaire des « *grèves de moutons* » trop placides, à son gré, — qui ont caractérisé la période du 1er mai.

M. Maucolin (du bâtiment) reconnaît la grosse faute commise « en indiquant, par avance, aux patrons, la date du mouvement ». Les patrons seront toujours mieux

(1) C'est la plus forte critique adressée au système de la grève généralisée ou *grève générale*.

préparés. Il faut que le mouvement éclate à l'improviste !

M. LEFÈVRE (des chauffeurs-mécaniciens) affirme que ceux de sa corporation, qui auraient quitté l'usine, eussent été immédiatement remplacés.

M. MALARDÉ (des tabacs) déclare que « les tactiques sont propres aux Fédérations et doivent varier avec leurs conditions professionnelles. — Sa Fédération a obtenu que l'administration renonçât à faire ses achats à l'étranger, en lui donnant le temps de renouveler son matériel et en lui accordant dix heures de travail en attendant.

Enfin, la résolution suivante est adoptée :

« Le Congrès décide de laisser au Comité confédéral le soin de *fixer la date* du mouvement pour la journée de huit heures, après consultation des organisations intéressées. »

Le Contrat collectif.

Le projet de loi sur le contrat de travail, qui a été déposé le 2 juillet 1906 par le ministre de la Justice et le ministre du Commerce, ne trouve pas grâce devant les congressistes d'Amiens. Ce projet est *l'étranglement du syndicalisme*, parce qu'il rend le syndicat obligatoire en fait par la loi, et que *la commission mixte devient un organe nécessaire entre le syndicat patronal et le syndicat ouvrier représentant exactement les deux parties en présence*. Enfin, ce projet doit être rejeté, parce qu'il ne s'applique pas aux ouvriers de l'Etat! — Drôle de raisonnement. Il est mauvais pour tous, donc on doit le repousser! — Il ne s'applique pas aux ouvriers de l'Etat, donc il faut le repousser! Ce sont deux motifs contradictoires.

Nous ne voulons plus du « Droit romain »

qui nous étouffe, conclut M. MERRHEIM, nous revendiquons le « *Droit nouveau* » qui nous appartient.

Les relations entre les syndicats et les partis politiques.

C'est la grosse question. Va-t-on se lier aux partis politiques, s'inféoder à leur tactique? La majorité des congressistes y semble rebelle.

M. RENARD, secrétaire général de la Fédération ouvrière des textiles, qui est l'auteur d'une proposition d'accord, reconnaît que, jusqu'à présent, la politique n'a pas donné grands résultats, mais pourquoi le reprocher aux candidats qui ont milité pour qu'elle donne quelque chose? Nous avons, dit M. Renard, construit des maisons et nous y sommes chez nous. Nous comptons, dans le Nord, 315 syndicats, 76.000 syndiqués, 12 coopératives fédérées avec 30.000 membres, 300 groupes avec 8.500 cotisants, de nombreux conseillers municipaux, 8 députés et 105.000 électeurs socialistes. Si partout on savait faire ainsi converger l'action, on obtiendrait de grands résultats.

La résolution présentée par M. RENARD est la suivante : « Le Comité confédéral est invité à s'entendre toutes les fois que les circonstances l'exigeront, soit par des délégations intermittentes ou permanentes, avec le Conseil national du parti socialiste, pour faire plus facilement triompher les principales réformes ouvrières. »

Sans doute, il y a des « traîtres » dans le parti socialiste. Briand, par exemple, a « monté le coup » pendant 15 ans aux ouvriers les plus révolutionnaires. Mais on ne peut pas être plus sûr des hommes dans le mouvement syndical que dans le mouvement politique. « Ce n'est pas, ajoute-t-il, parce que mon fusil peut péter par la culasse que je ne dois pas m'en servir, car, 99 fois sur 100, il partira dans la direction de l'ennemi. » Rien ne pourrait résister à la Confédération unie au parti socialiste.

M. Bousquet combat cette théorie. La politique, dit-il, est impossible dans le syndicat où les camarades viennent, les uns par intérêt, les autres par éducation. *Si on y faisait de la politique, les militants seuls resteraient.* Le parti socialiste n'est pas essentiellement un parti de classe, comme l'est le parti syndical, qui n'accepte que des salariés. Le parti socialiste comprend des patrons (1), et les ouvriers ne peuvent faire alliance avec lui. L'action antimilitariste est, non politique, mais économique. Les ouvriers ne haïssent l'armée que parce que, dans toutes les grèves, ils la trouvent devant eux. Ils ne veulent pas de révolution politique, parce qu'*ils ne feraient que changer de maîtres;* mais ils rêvent une révolution économique. — Les syndicats ne doivent pas se courber devant la légalité; car ils ne sont pas des organisations de

(1) On pourrait même dire que toute la direction de ce parti est composé de bourgeois et de patrons. — Bebel et Singer sont des patrons. Les chefs du parti socialiste français ne peuvent récuser l'épithète bourgeoise.

conservation sociale, mais de destruction capitaliste. D'ailleurs, le souci des socialistes pour la Confédération générale du Travail se manifeste tardivement; ils l'ont assez combattue et ils ne s'inclinent aujourd'hui que devant sa puissance. Les ouvriers doivent avoir de la méfiance pour cette sollicitude intéressée.

« Le Congrès, dit M. Bousquet, vu les articles fondamentaux de la Confédération générale du Travail, doit se prononcer catégoriquement contre tout rapprochement. »

M. Niel se montre également hostile à la proposition du textile. La question qui se présente est déjà vieille. — Le manifeste communiste d'Engels et de Marx l'avait déjà posée, en proclamant la nécessité de l'action politique, et c'est cette opinion « que la lutte politique est supérieure à tous les autres moyens d'action » que l'on retrouve dans toute l'histoire du marxisme et dans toute la vie du guesdisme.

Dans les statuts de l'Internationale rédigés

sous la dictée de Marx, en 1865, à Londres,
il est dit que les travailleurs doivent se
servir de l'action politique, et cette affirma-
tion amène dans l'Internationale tellement
de conflits que cette merveilleuse association en meurt. De 1876 à 1886, les Congrès
ouvriers sont exclusivement politiques, c'est
le triomphe du guesdisme. De 1886 à 1895,
les syndicats, s'étant multipliés et fédérés,
tiennent des Congrès économiques ; mais
leur esprit, grâce aux guesdistes, qui veulent absolument subordonner l'action syndicale à l'action électorale, est surtout politique. *Ceci amène une nouvelle scission, à
Nantes, en 1894.*

En 1896, se tient à Londres le Congrès
historique où furent aux prises les politiciens et les syndicalistes. On se rappelle
avec quel dédain Guesde lui-même traitait
les syndicats à ce Congrès. « Pour faire un
syndicat, ce n'est pas difficile ; il suffit d'a-
cheter un timbre en caoutchouc de 25 sous ! »

C'est la même question qui se représente
aujourd'hui ; sauf que la Confédération a pris

de l'influence et de l'autorité, qu'on ne peut plus la dédaigner, qu'on n'ose pas l'attaquer et qu'on veut l'absorber, en subordonnant l'action économique à l'action politique et les syndicalistes aux gens qui siègent au Palais-Bourbon.

L'ouvrier, avant d'être un *citoyen,* est un *salarié.* Il y a unité de vue sur le terrain économique; il n'en est pas de même sur le terrain politique. Le syndicalisme groupe tous les ouvriers, qu'ils soient catholiques ou socialistes, et défend leurs intérêts identiques. — Pour défendre leurs salaires, ils marcheront tous d'accord. Il faut chercher ce qui unit, et non ce qui divise. La politique divise les ouvriers, le syndicalisme les groupe vers le même but. — Le socialisme politique aveulit les ouvriers, en leur laissant croire qu'ils ne peuvent rien obtenir que par l'Etat; le syndicalisme les libère de ce fétichisme et leur apprend qu'ils ne doivent compter que sur eux-mêmes.

D'ailleurs, avec quel parti politique les ouvriers devraient-ils faire alliance? Avec celui qui a le même idéal. — Sans doute ; mais cela va bien à dire pour les ouvriers fervents syndicalistes. Il n'en est pas de même de ceux qu'il faut maintenir dans les syndicats et qui, à la première alerte, les abandonneraient, préférant leurs convictions politiques déjà anciennes à leurs conceptions syndicalistes encore flottantes. Il faut encore compter avec les syndicalistes anarchistes — fort nombreux — qui abandonneraient la Confédération traînée à la remorque du parti socialiste politique, qu'ils ne sauraient endurer.

Mais si l'union est impossible, l'état de guerre entre socialistes politiques et syndicalistes, et entre socialistes politiques et anarchistes doit être supprimé, conclut M. Niel. — Il ne faut pas que les chefs de la Confédération continuent à être traités, comme ils l'ont été par le *Réveil du Nord* (journal de M. Basly), de « repris de justice » et « professionnels du cambriolage, » entre autres aménités. Chacun doit être libre de penser à sa guise et de combattre à sa façon ;

mais tous les syndicalistes, tous les socialistes doivent cesser de s'injurier, de se mépriser et de se combattre.

***

M. MERRHEIM (des Métallurgistes) attaque les chiffres fantaisistes apportés par M. RENARD. Pour montrer combien la double action politico-syndicale avait donné de résultats tangibles, il a dit : « Nous avons 315 syndicats, 76.000 syndiqués, et il a conclu en disant : *Voilà ce que nous avons fait.* » Or, il faut défalquer de ces chiffres *au moins 130 syndicats jaunes.* A Tourcoing, notamment, il y a 119 syndicats jaunes. — Les syndicalistes-politiques du Nord ont-ils le droit de les compter à leur actif? Ce ne sont pas cependant des organisations de lutte prolétarienne, puisqu'elles combattent les socialistes du Nord, autant sur le terrain politique que sur le terrain économique.

Si l'on prend le chiffre des syndiqués par organisation, de nouvelles erreurs se manifestent. Les deux syndicats de mineurs sont comptés pour 8.000 membres et ne payent à leur Fédération unifiée que pour 900 membres, ce qui fait une différence sensible ! — Le syndicat du textile de Roubaix, qui est compté pour 6.200 adhérents, n'en a, en réalité, que 3.000, à prendre les chiffres exposés au dernier Congrès de Tourcoing, et ces chiffres ne peuvent être suspectés, puisqu'ils ont servi de base pour le vote proportionnel.

RENARD avait-il encore le droit de dire : « L'unité la plus complète est réalisée sur ce terrain : syndical, coopératif et politique » ?

Indépendamment des syndicats jaunes, il y en a d'autres, tels ceux du bassin de Maubeuge, dont la plupart sont des *Comités électoraux* d'un député radical.

Dans le bassin d'Anzin, où il y a plus de 30.000 ouvriers de la métallurgie, *on trouve bien 3 députés socialistes, mais seulement 600 syndiqués, et ils le sont à des organisations qui ne suivent pas la tactique politico-syndicaliste.* Les guesdistes sont glorieux de leurs cathédrales. *Belles façades, mais c'est tout! Roubaix, proclamée « la Mecque » du socialisme, est une cité de souffrances et de misères!* Il est peu de villes où l'on trouve des salaires aussi bas. — Ainsi, à Roubaix, pour l'article « robes », quel est l'ouvrier qui pourrait dire au long d'une année qu'il gagne, en le tissant, neuf francs par semaine?

« Je prétends, dit M. MERRHEIM (1), s'adressant aux guesdistes, que c'est la conséquence de votre tactique. — Est-ce que le syndicat textile de Roubaix ne compte pas des maçons, des chaudronniers, des mécaniciens, des charretiers, en un mot, des hommes de toutes les corporations, sans que jamais le Parti ait essayé de les grouper dans leurs syndicats respectifs? *Les guesdistes veulent faire du syndicat un groupement inférieur, incapable d'agir par soi-même.* Les syndicalistes affirment, au contraire, que c'est un *groupement de lutte intégrale, révolution-*

(1) M. Merrheim est un des dirigeants les plus actifs de la Confédération.

naire et qu'il a pour mission de briser la légalité. Les ouvriers n'ont pas à porter leurs *desiderata* aux députés qui sont incapables de leur donner complète satisfaction.

Il n'y a que deux classes : celle des exploités et celle des exploiteurs. Entre les deux, il reste toujours l'Etat, qui, avec des baïonnettes, sert de tampon entre les deux classes et empêche la classe ouvrière d'obtenir satisfaction.

***

« Depuis le Congrès de Londres, en 1896, dit M. KEUFER, les hommes politiques, les parlementaires socialistes ont évolué et dépouillé leur vieille hostilité à l'égard des syndicats. — Il en est de même des anarchistes, naguère adversaires de l'action syndicale. — De même que les parlementaires, eux aussi sont devenus syndicalistes. Le gouvernement des anarchistes, dans la Confédération, a donné à celle-ci un caractère tout autre que celui qui avait été indiqué par le Congrès de Limoges, caractère de neutralité susceptible de rallier autour de la Confédération toutes les forces ouvrières. Entre l'esprit anarchiste qui régit la Confédération et l'esprit parlementaire du parti socialiste, il n'y a pas d'accord possible.

« Il ne peut être contesté que l'action syndicaliste et l'action politique, pendant une longue période transitoire, si ce n'est toujours, devront s'exercer avec profit. Mais, dans l'intérêt même de cette double action, en raison des divisions inévitables qu'une action commune pourrait produire, il faut renoncer à une entente permanente ou temporaire entre la Confédération et le Parti socialiste.

« Et pourtant, ajoute M. KEUFER, il est bon de le signaler, les plus fervents libertaires reconnaissent que dans l'état social actuel, en présence de la faiblesse des organisations syndicales, l'intervention des pouvoirs publics, — de la loi, — est nécessaire pour protéger les faibles. L'intervention des syndicalistes, partisans de l'action directe, auprès des membres du Parlement, auprès du gouvernement, indiquent bien que l'on ne peut se dispenser de l'action légale. Et alors, on s'explique les candidatures ouvrières pour arriver au Parlement. Et s'il y a lieu de fonder de trop vastes espérances sur l'action légale, il y a lieu de redouter aussi les conséquences des candidatures ouvrières. Il est funeste que ceux qui ont conquis la confiance de leurs camarades — chose difficile à réaliser dans le monde ouvrier par l'*exagération même des principes démocratiques* — quittent leurs fonctions syndicales pour devenir des candidats aux fonctions politiques. Ils sèment le scepticisme parmi les travailleurs et favorisent l'accusation de n'avoir agi qu'en vue de se faire un tremplin de leur fonction syndicale.

« L'expérience a prouvé qu'il fallait renoncer à une entente permanente ou temporaire entre la Confédération et le parti socialiste. Chacun de ces organismes a son terrain d'action délimité. Leur action sera convergente et non commune, ni subordonnée. Et pour aboutir à cette action parallèle, l'entente officielle n'est pas nécessaire. *Les membres du parti socialiste ont l'obligation, en raison des principes qu'ils professent, d'être les défenseurs des intérêts ouvriers.*

« D'autre part, la *Confédération* doit observer une sincère neutralité vis-à-vis de tous les partis et s'abstenir de faire de l'antimilitarisme et de l'antipatriotisme. Ce sont là des opinions et tous les salariés doivent pouvoir s'abriter dans les syndicats, sans que leurs convictions philosophiques aient à en souffrir. — La Confédération n'est pas une Eglise qui peut prétendre imposer un dogme. Personne, pas plus les anarchistes que les partisans d'autres doctrines, ne peut affirmer l'infaillibilité de leurs conceptions. La sociologie, — objet de tant de controverses, — les lois si compliquées qui gouvernent les phénomènes sociaux, ne peuvent pas être invoquées avec la même certitude scientifique que les lois de la mécanique ou de la la physique. Ne pas respecter la neutralité absolue, c'est semer la division dans les rangs ouvriers. »

***

M. Broutchoux déclare qu'il ne prêche pas l'antimilitarisme, mais que tout naturellement les syndiqués deviennent antimilitaristes lorsque, dans les grèves, ils trouvent toujours l'armée en face d'eux. La magistrature est également un instrument de classe. Le syndicat a une supériorité réelle sur tous les partis, même sur le parti socialiste qui, à Lens, compte dans ses rangs des agents de police, des huissiers... Mais le syndicat est un bien piètre instrument, s'il doit se confiner dans la légalité.

M. Latapie pose très judicieusement la question. M. Latapie est un des trois secrétaires de l'Union fédérale des métallurgistes. Il est un des chefs les plus remarquables d'une Fédération française (1) et un des re-

(1) L'Union fédérale des ouvriers métallurgistes compte des hommes de premier ordre : MM. Merrheim, Latapie, Galantus, Blanchard et Hanot. Leur action mérite d'être signalée et suivie de près, car elle nous rappelle l'action des chefs unionistes de Grande-Bretagne.

présentants les plus corrects du syndicalisme. Sa devise s'écrit : « Ni anarchisme, ni
socialisme politique. »

« Il n'y a pas que des anarchistes et des
socialistes, dit-il, il y a encore des syndicalistes à la Confédération générale du Travail.

« Le syndicat peut avoir pour but immédiat la législation du travail, la réparation
des accidents du travail, la diminution des
heures de travail, le repos hebdomadaire ;
mais *son but final est la suppression du
salariat*.

« La Fédération de la Métallurgie affirme
la doctrine réformiste et la doctrine révolutionnaire.

« Le syndicat doit lutter contre toutes les
puissances : puissance religieuse, puissance
de l'Etat, puissance du militarisme, puissance de la magistrature. Les collectivistes
qui veulent s'emparer de l'Etat, pour le
détruire, ne devraient pas se plaindre du
syndicalisme qui veut commencer par cette
destruction.

(Ici M. Latapie fait une confusion. Les

collectivistes veulent s'emparer de l'Etat, pour le gouverner à leur guise et nullement pour le détruire. La théorie de la dictature du prolétariat est assez connue.)

« La journée de dix heures n'a été obtenue que grâce à la puissance des travailleurs. Le législateur s'est contenté d'*enregistrer*.

« Les camarades doivent savoir que, dans le syndicat, il peut y avoir des opportunistes, des radicaux, des socialistes, des anarchistes, des croyants ou des athées. Il y a d'abord des exploités. »

— « La neutralité syndicale n'est pas respectée, objecte M. Coupat (de la Fédération des mécaniciens), qui appartient au groupe syndicaliste modéré; — on veut obliger tous les syndicats à adhérer à la méthode libertaire qui est celle des dirigeants de la Confédération. Dans les bureaux de la *Voix du Peuple*, organe de la Confédération, que voit-on sur les murs? Une affiche du *Père Peinard* montrant son derrière au corps électoral. Dans le journal il est question des « cabotins du Palais-Bourbon » (*N°* *du*

23 septembre 1906). Si le Congrès approuve ces violations formelles de la neutralité, il doit le dire très nettement. Mais on rendra l'organisme confédéral impossible pour les militants syndicalistes qui ont confiance dans le bulletin de vote.

« La Confédération, pour être puissante et remplir le rôle d'émancipation qu'elle s'est dévolu, doit être ouverte à tous. »

*_**

M. Griffuelhes reproche aux syndicalistes modérés de faire de la politique, bien qu'ils s'en défendent. Lorsque M. Millerand accepta d'être ministre de la République bourgeoise, parut une déclaration signée de MM. Keüfer, Baumé, Moreau, en faisant suivre leur nom de leur qualité de secrétaires d'organisations, et approuvant son acte. Est-ce que pareille déclaration ne constituait pas un acte politique? Puis, à l'Union des Syndicats de la Seine, on vint proposer d'offrir un banquet à M. Millerand. N'était-ce pas encore un acte politique? M. Griffuelhes déclare s'y être opposé. On manœuvrait alors pour introduire l'influence du gouvernement au sein de la Bourse du travail ; et c'est en réaction à cette tendance qu'est venu l'essor de la Confédération générale du Travail.

« Au lendemain de la grève sanglante de Chalon, les membres de la Commission de la Bourse du travail reçurent pour eux et leurs familles une invitation à une soirée du ministre du Commerce ; deux jours après, nouvelle invitation — de Galliffet celle-là — pour un carrousel !

« Que voulait-on ? *Nous domestiquer !* dit M. GRIFFUELHES. — Nous fûmes deux à protester et nous finîmes par faire voir clair aux camarades. L'explosion de vitalité de la Confédération date de ces événements. Il y eut une coalition de guesdistes, de blanquistes, d'allemanistes et d'éléments divers pour isoler du pouvoir les syndicats. Cette coalition a sauvé la Confédération. L'unité morale ne peut se faire que contre le pouvoir et en dehors de lui.

« Il faut reconnaître que ce n'est pas l'influence anarchiste, mais bien l'influence du pouvoir qui entraîne à la division ouvrière. — Exemple : les mineurs. La désunion ouvrière fut la conséquence de la pénétration du pouvoir. En 1901, on s'opposa à la grève pour ne pas contrarier l'œuvre « socialiste » de Millerand-Waldeck-Rousseau et on dut s'apercevoir ensuite qu'on avait été trompé, mais la désunion entre les grévistes et ceux qui refusèrent de les suivre était accomplie. De même pour les travailleurs municipaux qui se divisèrent entre partisans et adversaires d'une organisation soumise au pouvoir. Il ne peut y avoir qu'antinomie complète entre ceux qui regardent vers le pouvoir et ceux qui combattent le pouvoir. L'accroissement de la Confédération a suivi une marche parallèle à l'accentuation de son caractère de lutte. Il n'y a donc pas lieu de modifier une tactique qui a donné de bons résultats.

« Entre les deux méthodes de la *Fédération du Textile* et de la *Fédération du Livre* il y a la bonne méthode qui ne soumet pas la Confédération aux groupements politiques, comme le Textile ; qui ne limite pas l'action au rayon purement corporatif, comme les Unions anglaises et comme le Livre.

*
**

Un ordre du jour, présenté par M. GRIFFUELHES dans le sens qu'exprime son discours, est adopté par 830 voix contre 8.

« Dans l'œuvre revendicatrice quotidienne, affirme cet ordre du jour accepté d'ailleurs par les modérés comme M. Coupat, le syndicalisme poursuit la coordination des efforts ouvriers, l'accroissement du mieux-être des travailleurs par la réalisation d'améliorations immédiates, telles que la diminution des heures de travail, l'augmentation des salaires.

« Mais cette besogne n'est qu'un côté de l'œuvre du syndicalisme ; il prépare l'émancipation intégrale, qui ne peut se réaliser que par l'expropriation capitaliste ; il préconise comme moyen d'action la grève générale et il considère que le syndicat, aujourd'hui groupement de résistance, sera dans l'avenir le groupement de production et de répartition, base de réorganisation sociale. »

« *Tous les travailleurs, quelles que soient leurs opinions ou leurs tendances politiques ou philosophiques* », ont pour « *devoir d'appartenir au groupement essentiel qu'est le syndicat* » ; mais ils ont également pour devoir « *de ne pas introduire dans le syndicat les opinions qu'ils professent au dehors.* »

L'antimilitarisme.

Il y a plusieurs doctrines exposées sur l'antimilitarisme. Sur ce premier point tout le monde semble d'accord. — L'armée se trouve sans cesse en face des ouvriers dans les grèves, remplissant un rôle pour lequel elle n'est pas faite. On force des ouvriers revêtus de l'uniforme à contrecarrer l'action des ouvriers grévistes. Ceux-ci doivent donc faire de la propagande et attirer à eux les soldats « abusés par leurs chefs ».

Mais à côté de l'antimilitarisme se trouve l'antipatriotisme, et sur ce côté de la question, l'unanimité des congressistes s'affirme moins complète.

« Dans chaque grève, dit M. Yvetot, l'armée est pour le patronat : dans chaque conflit européen, la classe ouvrière est dupe et sacrifiée au profit de la classe parasitaire, de la classe bourgeoise.

« Donc le Congrès doit approuver toute action de propagande antimilitariste et *antipatriotique*. »

M. Gautier et M. Latapie, tous les deux délégués de *l'Union fédérale* des Métallurgistes, voudraient qu'on s'en tînt à l'antimilitarisme sur lequel tous les congressistes ont une opinion unanime. MM. Luquet, Merrheim, Coupat sont du même avis.

La priorité de l'ordre du jour Yvetot n'est votée que par 488 voix contre 319, 49 bulletins blancs et 23 nuls, alors que le nombre des mandats représentés est de 991. — La proposition Yvetot n'a donc pas obtenu la majorité réelle, et cependant on l'a acceptée et on a *étouffé* la proposition Gautier qui aurait été acclamée à l'unanimité.

La Grève générale.

Le Congrès se termine par la lecture des rapports des Commissions. Nous ne signalerons que celui de M. Delesalle sur la grève générale, à cause de la décomposition, que fait le secrétaire général adjoint de la Fédération des Bourses, de ce grand projet du « prolétariat organisé ».

La grève se fera en quatre temps et quatre mouvements.

1° Grève générale par corporations, que l'on peut assimiler aux manœuvres de garnison.

2° Cessation du travail partout à la fois et à date fixée d'avance : 1ᵉʳ mai, date du renouveau !

3° Arrêt général et complet, mettant le prolétariat en guerre ouverte avec la Société capitaliste.

4° Enfin, grève générale, révolution.

La Conférence des Bourses.

(Amiens, 15-16 octobre 1906.)

83 Bourses sur 135 participèrent à cette conférence qui devait suivre le Congrès confédéral. — Tout d'abord, M. Niel demanda le vote d'une résolution, pour qu'à l'avenir un seul délégué ne puisse représenter que 3 Bourses. Certains délégués, en effet, représentaient jusqu'à 7 Bourses !

La première question est le *viaticum*. Eternelle discussion sur le *viaticum* libre ou le *viaticum* obligatoire ! Quelle sera l'échelle des cotisations ? Quelle sera la proportionnalité des sacrifices ?

Un certain nombre de délégués sont partisans du *viaticum* organisé par la Fédération syndicale. Celui qu'on veut organiser nationalement entre les Bourses du travail, dit M. Niel, est établi sur des bases fragiles. Le budget des Bourses est constitué par des subventions indéterminées et sans garantie, qui peuvent être supprimées d'un moment à l'autre. De plus ces ressources sont très différentes, et l'on ne peut établir une égalité de charges sur une inégalité de ressources.

M. CAILLEY constate que le *viaticum* des Bourses ferait double emploi avec le *viaticum* des Fédérations.

Mais, objecte M. YVETOT, il y a des Fédérations qui se trouvent dans l'impossibilité absolue d'instituer le *viaticum*. Faut-il donc laisser incomplet un service dont chacun comprend la nécessité? Les Fédérations de métier se débarrasseraient peu à peu de leur *viaticum*, si les Bourses en prenaient la charge. Alors, Bourses et Fédérations rentreraient dans leur rôle. D'ailleurs, s'il y avait double attribution pour certains adhérents, ce serait tant mieux. Versant deux fois, ils toucheraient deux fois.

Quantité de Bourses, dit M. BRIAT, sont très visitées par les chômeurs, comme Paris, par exemple. D'autres, ne se trouvant pas sur les grandes routes, n'ont presque pas de visites. Il y a donc là injustice, et cette injustice ne peut être réparée que par la répartition. Le syndiqué, qui a versé sa cotisation de *viaticum* à une Bourse et qui ne peut toucher son secours dans une autre, se fait une idée singulière de l'unité de l'action syndicaliste.

En régularisant ce service, en prenant la lourde charge qu'il implique, la Fédération des Bourses s'exerce à son rôle futur d'échange des produits et d'éducation du peuple. Actuellement, les services de permanence sont mieux organisés par les Bourses que par les syndicats.

Plusieurs délégués trouvent que *l'obligation* du *viaticum* créera de nouvelles charges, que les Bourses sont impuissantes à supporter.

Bref 45 délégués se prononcent pour le *viaticum* facultatif, 30 délégués se prononcent pour le *viaticum* obligatoire.

Et on compte 7 bulletins blancs.

La subvention gouvernementale.

Pour organiser le marché du travail, pour régulariser la tâche entre tous les travailleurs, par une intelligente répartition des travaux, on a créé l'*Office de statistique et de placement.*

Pour cette création, l'Etat a promis une subvention de 10.000 francs.

M. DELESALLE proteste contre cette subvention gouvernementale. Tous les discours ministériels en font mention et paraissent célébrer la soumission des ouvriers révolutionnaires.

M. BRIAT dit pourquoi la subvention de 10.000 francs n'a pas été renouvelée, le trésorier de la Confédération s'étant refusé, *par principe*, à justifier l'emploi de cette somme. Le trésorier en cause est M. Albert Lévy. — Si le *viaticum* était organisé avec l'emploi de cette subvention, et qu'on présentât les bordereaux de dépenses affectées à un tel service, elle serait certainement maintenue.

M. NIEL explique, avec beaucoup de bon sens, qu'il est maladroit de refuser les subventions de l'Etat, ou des municipalités, ou des départements, si elles sont accordées *sans conditions inacceptables*. Lui-même s'est servi de subventions gouvernementales, sans rien sacrifier de ses convictions révolutionnaires.

Les subventions municipales ne sont *jamais* consacrées à l'objet pour lequel elles sont accordées. S'il y a un mouvement syndical sérieux, c'est parce qu'il y a une section des Bourses et que ces Bourses sont subventionnées. « Les Bourses subventionnées sont la source intarissable de la propagande syndicale. »

« J'ai toujours été, dit à son tour M. YVETOT, adversaire, en principe, des subventions. En pratique, j'en suis partisan. Si toutes les Bourses avaient su profiter des subventions comme j'ai pu le faire moi-même, il y aurait beaucoup de besogne faite ! »

La question n'est pas résolue. Il est décidé qu'elle sera soumise à un prochain *referendum*.

***

Le Congrès suivant de la Confédération devait avoir lieu à Marseille en septembre 1908.

CHAPITRE XIII

Le Syndicalisme
et la Confédération Générale
du Travail.

Les théories socialistes.

Les théories socialistes. — La suppression probable du salariat. — La thèse collectiviste. — La fausseté de l'idée catastrophique. — Le romantisme des conceptions socialistes. — L'action positive du syndicalisme. — Le socialisme consisterait dans la transformation normale de la société. — Le syndicat est la cellule de la société idéale. — Les deux tendances du syndicalisme. — La défense des intérêts de la profession ou le renversement du patronat. — Opposition des deux doctrines. — Le programme de lutte du syndicalisme révolutionnaire. — Sabotage. — Antimilitarisme ouvrier. — La Constitution de la Confédération générale du Travail. — Les forces de la Confédération. — Le système défectueux de la représentation des organisations. — Manque d'homogénéité chez les 200.000 adhérents de la Confédération. — La légalité de cette organisation. — Le syndicalisme ne saurait être attaqué comme doctrine d'amélioration de la classe ouvrière.

La théorie générale du socialisme est basée sur ce principe : qu'il est souverainement injuste de voir la société divisée en deux groupements : l'un composé d'individus ne faisant rien et profitant du travail des autres, l'autre composé de ceux qui travaillent et ne profitent pas entièrement de leur production. D'où provient cette injustice ? demandent les socialistes. — De la propriété individuelle qui permet à un homme d'exploiter ses semblables, de posséder les outils dont ceux-ci ont besoin pour travailler et d'imposer son autorité à ceux-ci. Du moment que la propriété individuelle est la cause de ces abus, il n'y a plus qu'à la supprimer et à instaurer un régime collectiviste ou communiste. Le feu aussi est dangereux par son excès, et personne ne songe à supprimer le feu dont les avantages sont, à tout prendre, préférables à ses inconvénients. Il en est de même de l'eau, et d'ailleurs de toutes choses. La propriété individuelle étant la base de la société actuelle, il importe, disent les socialistes, de détruire la société actuelle ; mais pour la remplacer par quoi ? Et comment se fera cette transformation ?

C'est ce que nous allons examiner rapidement, en passant en revue les principales
théories rénovatrices.

***

Ces théories sont nombreuses. Chacun a
son petit plan de transformation sociale, et
il n'est pas rare de trouver dans les milieux
d'études sociales des précurseurs, des inven-
teurs d'un système, aussi simple que nouveau, qui doit résoudre la question sociale.

Bien des gens croient à des modifications
profondes, qui doivent nécessairement se
manifester dans la société actuelle. M. Des-
chanel n'a pas caché sa conviction de la suppression du salariat. M. Charles Gide espère
dans la coopération de consommation pour
faire des consommateurs, c'est-à-dire de
« tout le monde », les maîtres de la production. D'autres comptent sur les coopératives de production ; d'autres encore, sur la
constitution du petit atelier familial recon-
stitué par l'électricité. Enfin, les collectivistes
espèrent depuis longtemps une révolution,

qu'ils affirment devoir être inévitable et prochaine. La théorie collectiviste de Marx a de graves défauts, au dire des collectivistes indépendants, qui ont voulu la restaurer, tout en la défendant contre l'interprétation outrancière de certains commentateurs fantaisistes.

***

D'abord, Marx lui-même a commis une erreur, en escomptant la transformation trop rapide de la société économique. Vivant en Angleterre, au moment où le machinisme détruisait, une à une, toutes les petites organisations industrielles existantes, Marx put croire que ce mouvement si rapide de transformation n'allait pas s'arrêter et que l'industrie tout entière allait se trouver, en peu de temps, concentrée et accaparée entre quelques mains. Les couches moyennes disparaissant, il ne restait plus en face l'une de l'autre que la force capitaliste constituée par quelques puissants industriels et l'armée des prolétaires ne possédant rien et composée de la presque unanimité des citoyens. Il ne sut pas voir qu'à la suite de ces révolutions profondes, mais rapides, parce que tout ce qui est accaparable par l'industrie centralisée l'est immédiatement et sans effort, survient toujours une période de calme, si ce n'est une période de réaction. Marx crut donc pouvoir prédire le règne très prochain du régime collectiviste.

Mais ses disciples ont été encore plus loin. M. Guesde prétend qu'un voile de légalité nous sépare seul de la société idéale et qu'il suffit de tendre la main pour briser ce voile (1). M. Jaurès croit également le moment prochain, où il ne sera pas possible de parler de propriété individuelle, sans faire éclater de rire. Plusieurs marxistes, — et particulièrement M. Georges Sorel, — en France, ont réagi contre ces interprétations trop larges de la doctrine marxiste.

(1) M. Guesde avait annoncé que l'Exposition de 1900 serait ouverte par les socialistes. Elle a bien été ouverte par un ministre socialiste, mais ce ministre socialiste était M. Millerand qui fut un ministre d'esprit pratique et de grand bon sens.

M. Sorel a vivement critiqué l'idée catastrophique qui faisait le fond de la doctrine marxiste et n'était qu'une exagération de la pensée du grand philosophe socialiste. L'esprit français est fortement épris de l'idée révolutionnaire. Toutes les transformations politiques et économiques se sont faites en France par des révolutions. Le monde actuel est mauvais ; — donc il faut le culbuter. Et pour cela il n'est même pas besoin d'aller fatalement jusqu'à la violence. — Non — les guesdistes, par exemple, croient qu'il suffit de déplacer la majorité du Parlement pour produire cette bienfaisante catastrophe. D'autres, — les syndicalistes première manière, — avaient proposé la grève des *bras croisés* pour faire mettre les pouces à la bourgeoisie possédante et dirigeante. Aujourd'hui la grève générale a pris une autre forme : celle des assassinats et des pillages multipliés et disséminés sur tout le territoire pour rendre inutilisables les forces de réaction, l'armée et les gendarmes.

M. Sorel a conseillé aux ouvriers — et

beaucoup d'entre eux semblent devoir
l'écouter — de remplacer ce vieil optimisme,
cet espoir d'une catastrophe inévitable, en
une sage et patiente préparation qui consisterait surtout dans le développement des
coopératives et des syndicats. « La conception
d'une catastrophe sociale, dit-il (1), est une
vue purement utopique. »

Le mécanisme social est variable, dit-il, on
ne possède aucun moyen de construire les
mécanismes sociaux de l'avenir et on ne peut
raisonner que sur ceux que l'on peut soi-
même observer. On ne peut non plus, si l'on
veut rester sur le terrain réaliste du
marxisme, parler « de la société et du prolétariat qui sont des ensembles passifs; mais
bien de l'Etat, du gouvernement local, des
coopératives, des syndicats, des mutualités
qui sont des corps actifs (2). » En un mot, il
faut voir ce qui est et non discuter sur des
irréalités ou sur des organismes qu'on sup-

(1) Y a-t-il de l'utopie dans le marxisme ? *Revue de
Métaphysique et de Morale*, mars 1899.
(2) *Idem, ibid.*

pose devoir être de telle façon, mais qui ne sont pas encore créés. « Aucun physicien n'a jamais eu l'idée d'étudier les poètes ou les alchimistes pour trouver les théories ou les solutions que ses recherches doivent ensuite préciser. » Ici la foi au miracle ne peut pas être invoquée et la société future doit être constituée avec des éléments préexistant déjà dans celle-ci.

**

La société future dépendrait, si l'on se laissait aller aux conceptions imaginatives, des goûts et des idées de chacun ; mais ces goûts et ces idées sont le plus souvent en contradiction chez les différentes personnalités humaines. M. Vandervelde rêve d'une « communauté anarchiste, débordante de fraternité et de richesse, où chacun, faisant ce qu'il voudrait, comme dans l'abbaye de Thélème, donnerait selon ses forces et prendrait selon ses besoins (1). » Est-ce bien là l'idéal

(1) Le socialisme en Belgique.

de l'humanité ? Ne serait-ce pas une prime à la plus grande paresse, et n'avons-nous pas que compassion et mépris pour l'homme qui ne fait rien ? Le repos n'est une véritable jouissance qu'après un effort soutenu.

L'utopie devient encore plus intense, lorsqu'il s'agit de déterminer le fonctionnement de la société future. — M. Van Kol, député hollandais, annonce gravement (1) que l'administration en sera confiée aux *meilleurs entre les bons*, représentant la volonté collective, et que *tous les citoyens n'auront d'autre but que le bien.*

Toute cette utopie, observe M. Sorel, est fondée sur la présupposition qu'il existera, entre les hommes, une harmonie parfaite. Mais Aristote objectait déjà à Platon que sa république eût atteint la perfection, réduite à un individu. Les sociétés sont plus complexes et la nature humaine plus diverse.

Et comme conclusion, M. Sorel nous montre que la simplicité et l'unité de la doctrine

(1) Socialisme et liberté.

marxiste sont des mythes, que la question ne se présente à aucune époque avec une forme unique et que le particularisme, le collectivisme et le communisme, au lieu de caractériser trois époques successives, peuvent fort bien coexister en un même moment.

« Mais alors, qu'est-ce que le socialisme? C'est le mouvement ouvrier; c'est la révolte du prolétariat contre le patronat; c'est l'organisation actuelle pour lutter contre les traditions bourgeoises. »

Et c'est ainsi qu'apparaît le syndicalisme :

Le syndicalisme est l'action de la classe ouvrière révolutionnaire cherchant à favoriser et à précipiter, par des moyens plus ou moins violents au gré des circonstances, l'avènement d'une société meilleure. Et c'est surtout par l'organisation syndicale que ce but peut être atteint, le syndicat étant aujourd'hui un merveilleux instrument de lutte contre l'exploitation capitaliste et formant la cellule de la société de l'avenir.

Les deux tendances du syndicalisme.

Il y a, dans l'organisation syndicale actuelle, deux conceptions complètement opposées, et il ne faut pas s'étonner si les anarchistes ont longtemps hésité à entrer dans les syndicats et si même ils s'en sont montrés, tout d'abord, des adversaires déterminés.

Longtemps les syndicats s'en sont tenus, par crainte de l'autorité répressive et par manie coutumière, à la première formule, qui consistait à *défendre les intérêts de la profession*, à sauvegarder le salaire de leurs adhérents et à leur assurer le placement et les secours de chômage. Il ne faut pas oublier que jusqu'à l'année 1884 les syndicats existants étaient obligés de se dissimuler sous l'apparence de sociétés de secours mutuels. D'autre part, il est facile de comprendre que les syndicats de typographes, par exemple, aient gardé jalousement leurs anciennes habitudes. Pendant longtemps, le nombre des imprimeurs parisiens a été limité, la corporation fermée, et les ouvriers se sont tout d'abord préoccupés de défendre leur métier contre l'intrusion de trop nombreux apprentis, ainsi que des femmes et des machines. Ils représentaient une profession favorisée et conservaient le type de l'ancienne corporation.

**

Tel n'est pas le souci de nombreuses corporations : celles des métallurgistes, ou des terrassiers, ou des bûcherons, pour ne citer que celles-là. Il n'est plus question de fermer la profession, ni d'organiser des secours de chômage ; ou, s'il en est question, ce sont des préoccupations secondaires. Là, on sèmera facilement les doctrines du *sabotage*, du *boycottage*, de l'*action directe violente*, de l'*antimilitarisme* et de la *grève générale*. Il ne s'agit plus de la défense des intérêts professionnels, comme principal but à atteindre, ou, si l'on vise ce but, on ne le considérera que comme une étape vers *la libération com-plète, l'abolition du salariat et le renverse-ment du patronat.*

*
* *

Il y a donc deux idées directrices dans le mouvement ouvrier : le mouvement *réfor-miste* et le mouvement *anarchiste ;* ou, pour parler le langage ouvrier : le mouvement *typo* et le mouvement *anarcho.*

Opposition des deux doctrines.

Ceux qui professent cette dernière doc-trine s'ingénient à démontrer l'inanité des réformes partielles, et à développer chez les syndiqués l'esprit révolutionnaire.

« Pour une augmentation de salaire, dit M. Delesalle (1), il nous est facile de dé-montrer que si, momentanément, cette aug-

(1) Paul Delesalle, l'*Action syndicale et les anar-chistes.*

mentation nous favorise comme acheteurs, il arrive un moment où tous les salaires augmentant, inévitablement les produits augmentent dans des proportions identiques et cette augmentation n'aura servi à rien. »

Il nous est inutile de démontrer la fausseté de cette thèse. L'essentiel est que les ouvriers l'acceptent.

***

« Le syndicat, dit encore M. Delesalle, n'a de succès, à l'heure actuelle, que parce qu'il groupe les travailleurs en vue de réaliser des améliorations immédiates.

Je me dissimule, moins que personne, la valeur de ces arguments, qui ne sont que, trop souvent, vrais. — Loin de nous arrêter, *ces arguments ne sont que d'excellentes raisons pour que nous y entrions et que nous créions un mouvement anarchiste au sein même du mouvement syndical* (1). »

Les anarchistes se sont donc décidés, après

(1) Paul Delesalle, *L'Action syndicale et les anarchistes.*

de longues hésitations, à entrer dans les syndicats pour y faire leur propagande révolutionnaire. « La pratique de l'action directe, dit le docteur Pierrot, dans les *Temps Nouveaux* du 13 avril 1907, est la meilleure école d'énergie pour la classe ouvrière. Les grèves ont pour conséquence d'apprendre aux travailleurs à ne pas avoir peur de l'autorité, — quelle qu'elle soit. »

***

Le syndicalisme (antiétatiste) paraît donc se confondre avec le communisme-anarchiste; mais, tandis que le communisme-anarchiste peut s'adresser à tous les individus de bonne volonté, le syndicalisme ne s'adresse qu'aux seuls ouvriers.

« Mais, écrit encore le docteur Pierrot dans les *Temps Nouveaux* du 11 mai 1907, *le terme de syndicalisme a l'avantage de ne pas effrayer les ouvriers qui viennent au syndicat.* »

Le syndicat est un excellent lieu de propagande révolutionnaire. — On y trouve les esprits déjà préparés par la lutte économique à comprendre la leçon, que les militants s'effforcent de dégager des faits de chaque jour. Néanmoins, de ce que des ouvriers sont réunis en syndicat, il ne s'ensuit pas que toujours naîtra et se développera l'esprit de révolte, surtout si ce syndicat a été créé sous l'influence d'individus hostiles aux idées révolutionnaires, *surtout si ce syndicat dépend d'une Fédération riche et fortement organisée, c'est-à-dire conservatrice.* On le voit bien en Allemagne, en Angleterre, aux Etats-Unis. Le syndicalisme y est réformiste. »

***

Enfin, le syndicalisme ne doit pas consister dans la création d'un *quatrième Etat,* composé des corporations privilégiées et des fonctionnaires et des ouvriers commissionnés de l'Etat imposant leur tyrannique volonté au *cinquième Etat,* c'est-à-dire aux sans-travail et aux ouvriers non-qualifiés.

Le syndicalisme doit être nettement anar-

chiste et opposer, aux compromissions de la
lutte électorale, la grève, la grève condamnée
par les socialistes comme un gaspillage de
forces et revendiquée par les anarchistes
comme une manifestation de l'esprit de
révolte et un moyen d'éducation des masses.
La grève renforce la propagande antimilitariste, en habituant les ouvriers à voir
entre eux et leur victoire assurée l'armée
hostile comme seul obstacle à leurs succès.
La fréquence des grèves a encore pour but
de troubler la vie sociale et de désorganiser
l'Etat, et enfin d'empêcher les hommes
politiques (ministres, députés socialistes ou
préfets) de s'entremettre en pacificateurs
et d'accaparer la direction du mouvement
ouvrier, lorsque les grèves ont le caractère
nettement anarchiste que veulent lui donner
les syndicalistes. La suspicion est facilement
jetée sur les hommes politiques dans lesquels le syndicalisme ne voit que des tem-
porisateurs et des endormeurs, c'est-à-dire
des ennemis.

« Il nous faut à tout prix, dit M. Delesalle

(*l'Action syndicale et les anarchistes*), éviter
de laisser accaparer le mouvement syndical
par les partisans du quatrième Etat, par
les faux amis du prolétariat qui rêvent
d'exproprier et d'expulser la bourgeoisie, au
nom d'une vague dictature du prolétariat,
dont ils seraient les dictateurs. »

Il est nécessaire pour les syndicalistés
d'éviter l'évolution des unions anglaises, il
y a quarante ans organisations de combat,
aujourd'hui devenues riches, protégées par
le gouvernement, ayant perdu l'esprit révolutionnaire et accepté l'esprit bourgeois (1).

Le programme de lutte du syndicalisme révolutionnaire.

La société doit être rénovée par le syndicat, qui n'est, à l'heure actuelle, qu'un

(1) Je rappellerai ici un mot de Hyndmann, le représentant de la Social-Démocratie anglaise, à un de mes
amis : « Ici il n'y a pas de socialistes. Les dirigeants sont
trop habiles ! ils concèdent tout ce qu'il faut, juste au
moment où il faut. »

instrument de combat, mais qui doit être la forme d'organisation de la société améliorée. Quoi de plus simple que de considérer les ouvriers devenus peu à peu victorieux de toutes les coalitions capitalistes et bourgeoises, se groupant par corps de métier et se réunissant à l'ombre des Bourses du travail? C'est presque identique à l'idée de l'organisation professionnelle de l'avenir, dont M. Martin Saint-Léon est un apôtre convaincu. Mais, pour arriver à réaliser ce programme, les moyens diffèrent sans doute.

Les moyens préconisés par les syndicalistes sont les suivants :

1° Le boycottage ;

2° Le sabotage ;

3° L'antimilitarisme ;

4° Les grèves de combat et grève générale.

***

Le *boycottage* est d'origine révolutionnaire.

Le capitaine Boycott était le régisseur des immenses domaines d'un lord anglais en

Irlande, et il s'était rendu tellement impopulaire auprès des paysans, que ceux-ci le mirent à l'index, préférant mourir de faim que de travailler pour lui. En 1879, pas un paysan ne se présenta pour rentrer ses récoltes, elles pourrirent sur pied. Le capitaine fut obligé de s'exiler en Amérique où il mourut de misère. Depuis, le boycottage est devenu une arme du prolétariat révolutionnaire (1).

A Berlin, en 1894, les brasseurs refusent leurs salles de réunion aux socialistes. Les brasseurs sont boycottés par les ouvriers qui forment, surtout le dimanche, leur principale clientèle, et ils se soumettent.

Là, une compagnie de chemins de fer supprime deux cents ouvriers fermeurs de portières. L'ordre est donné aux socialistes de ne plus fermer une portière lorsqu'ils descendent d'un wagon. Les deux cents ouvriers renvoyés sont immédiatement repris.

A Londres, en 1893, les employés mettent

(1) Rapport présenté au Congrès corporatif de Toulouse en 1897.

à l'index les magasins où leur est refusée une demi-journée de repos par semaine. Cette demi-journée leur est immédiatement accordée. Aucun client ne se présentait, ou bien il était si mal servi qu'il allait porter sa clientèle ailleurs.

A Londres, également, des magasins de comestibles furent pillés et les victuailles jetées à la rue... Nécessité de fermer une demi-journée par semaine.

Le Sabotage ou Ca-Canny.

« Si deux Ecossais marchent ensemble et que l'un coure trop vite, l'autre lui dit *Ca-Canny* (Va doucement) (1) !

« Si quelqu'un veut acheter un chapeau qui vaut 5 francs, il doit payer 5 francs. Mais s'il ne veut en payer que quatre, eh bien, il en aura un de qualité inférieure. Le chapeau est une « marchandise ».

« Si quelqu'un veut acheter six chemises

(1) Appel de l'Union internationale des chargeurs de navires à Londres (1897).

de 2 francs chacune, il doit payer 12 francs. S'il ne paye que 10 francs, il n'aura que cinq chemises. La chemise est encore « une « marchandise en vente sur le marché ».

« Si une ménagère veut acheter une pièce de bœuf qui vaut 3 francs, il faut qu'elle les paye. Et si elle n'offre que 2 francs, on lui donne de la mauvaise viande. Le bœuf est encore « une marchandise en vente sur « le marché ».

« Eh bien, les patrons déclarent que le travail et l'adresse sont « des marchandises « en vente sur le marché », tout comme les chapeaux, la chemise et le bœuf.

« — Parfait, répondons-nous, nous vous prenons au mot.

« Si ce sont des « marchandises », nous les vendrons tout comme le chapelier vend ses chapeaux, et le boucher sa viande. Pour de mauvais prix, ils donnent de la mauvaise marchandise, et nous en ferons autant.

« Les patrons n'ont pas droit de compter sur notre charité. S'ils refusent même de discuter nos demandes, eh bien, nous pouvons mettre en pratique le *Ca-Canny*, la tactique de « travaillons à la douce » en attendant qu'on nous écoute.

Voici clairement défini le *Ca-Canny*, le sabotage : *à mauvaise paye, mauvais travail*.

Et les révolutionnaires conseillent le sabotage sur la marchandise et le sabotage sur l'outillage. Il faut ruiner le patron par des procédés hypocrites et sournois.

Rappelez-vous, fut-il dit à ce Congrès de Toulouse de 1897, l'émotion produite dans le monde bourgeois quand on sut que les employés de chemins de fer pouvaient, avec deux sous d'un certain ingrédient (émeri), mettre une locomotive dans l'impossibilité de fonctionner.

L'Antimilitarisme ouvrier.

L'antimilitarisme ouvrier est une conception tout à fait spéciale. Il peut être ici et là le résultat de l'égoïsme ou de la peur. Dans le clan révolutionnaire, il est surtout le résultat de cette conviction, que le but à atteindre est facile, mais qu'un seul obstacle empêche le prolétariat de l'atteindre, et que cet obstacle est l'armée. Il n'y aurait qu'un pas à faire pour toucher la société de l'avenir, la société si humaine, si belle, dans l'imagination ardente des syndicalistes, mais l'armée empêche de faire ce pas. Il faut donc détruire l'armée ou la conquérir, en détruisant l'autorité des chefs, et attirant à soi les soldats, fils du peuple, des villes et des campagnes.

La propagande dans les casernes se fait surtout par le *Nouveau Manuel du soldat,* signé d'Yvetot, que la cour d'assises de la Seine a acquitté. Cette brochure a été tirée à plus de 100.000 exemplaires.

*_**

Fini le temps des barricades. Les rues droites et larges se prêtent trop facilement à la manœuvre des canons d'une armée de répression. Il faut donc changer l'ancien mode de la révolution classique, avec barricades et peuple armé.

Le nouveau système consiste en ceci :

Les ouvriers des industries génératrices : gaz, électricité, chemins de fer, etc..., cessent le travail. De ce fait, grandes et petites industries sont forcées de s'arrêter. L'industrie ne peut marcher, sans le pain qui l'alimente, et qui est la houille. Une grève de mineurs nationaux ne peut suffire, parce que la houille peut venir de l'étranger, il faut qu'elle soit étayée sur une grève de dockers et d'ouvriers des transports. Grâce à la Confédération du Travail, l'entente semble facile entre ces divers métiers.

Et dans les grandes villes, toutes les industries étant arrêtées, les transports eux-mêmes étant paralysés, les vivres se feront rares, et l'ouvrier, qui n'a ni provisions ni économies, descend dans la rue et se trouve bientôt prêt à tous les mauvais coups. Il pille des boutiques, il assassine ceux qui résistent; le désordre commence, et l'armée et la police sont impuissantes à arrêter ces mouvements révolutionnaires qui se produisent partout à la fois. D'ailleurs, il n'y a plus de gaz ni d'électricité, et les rues obscures sont propices au désordre.

Les syndicalistes comptent beaucoup sur la *grève générale,* ou ceux qui n'y croient pas s'y raccrochent comme à un mythe, qui est nécessaire pour réchauffer l'exposé trop froid d'une doctrine peu consistante. C'est un drapeau, disent certains d'entre eux, et si nous nous avisions de plier ce drapeau, ce serait la débandade dans nos syndicats. C'est la fameuse catastrophe inévitable, de Marx et de M. Guesde, qui revient ici et qu'on escompte, comme dernier espoir.

**

Il est trop facile de répondre qu'une grande ville comme Paris a vu d'autres catastrophes, qu'elle a connu les horreurs du Siège et traversé la tourmente de la Commune, sans en avoir été complètement bouleversée. La France tout entière a subi des crises autrement redoutables. Il y aurait un moment

pénible à passer, mais beaucoup plus pénible
pour les ouvriers affamés et sans ressources
que pour les bourgeois, ayant des provisions
et des avances. La bourgeoisie échappera
facilement à cette Saint-Barthélemy prolétarienne, et, si les révolutionnaires n'avaient
que cet atout dans leur jeu, ils seraient sûrs
de perdre la partie. Ils sont victimes de cette
croyance au miracle qui fait le fond de
l'âme populaire, de cette illusion de la catastrophe inévitable, d'où doit sortir une
société régénérée, et ressusciter un monde
heureux.

La Constitution de la Confédération Générale du Travail.

La Confédération générale est formée de
toutes les organisations syndicales, les unes
acceptant son programme révolutionnaire,
et les autres se groupant autour de son
autorité centrale, sans accepter ses théories
extrêmes.

Elle se compose de deux sections : la section des Bourses qui renferme 135 Bourses du travail, et la section des Fédérations qui compte 64 Fédérations et 21 syndicats isolés.

Les Bourses du travail, ou Unions de syndicats, versent mensuellement une cotisation de 35 centimes pour chacun des syndicats qui les constituent.

Les Fédérations d'industrie et de métier versent mensuellement 40 centimes par 100 membres ou fractions de 100 membres.

Les syndicats isolés paient 5 centimes par membre et par mois.

De plus, le Congrès d'Amiens (1906) a décidé que chaque organisation payerait une sur-cotisation de 10 0/0, pour assurer un budget spécial et autonome à la Commission des huit heures, des grèves et de la grève générale.

***

Le secrétaire général de la section des Bourses est M. Yvetot, M. Delesalle en est le secrétaire adjoint et remplace le titulaire pendant que celui-ci fait des mois de prison :

ce qui est assez fréquent. Il n'est payé que pendant ces périodes de suppléance.

Le secrétaire général de la section des Fédérations d'industrie et de métier est M. Griffuelhes. Il a, statutairement, le titre de secrétaire général de la Confédération.

Le secrétaire général du journal *La Voix du Peuple* est M. Pouget, le créateur de l'ancien journal anarchiste *Le Père Peinard*, et l'auteur des *Propos d'un Gnaff*.

Le trésorier des deux sections, du journal et de la Confédération, est M. Lévy.

Chacun de ces fonctionnaires recevait un traitement mensuel de 250 francs. Depuis que la Confédération a été mise à la porte de la Bourse du Château-d'Eau et qu'elle a dû se mettre dans ses meubles, ils ont dû faire le sacrifice d'un dixième de ce traitement.

*_**

Le budget annuel de la section des Bourses est de 6.000 francs environ, celui de la section des Fédérations de 10.000 francs environ, et celui du journal de 25.000 francs (tirage 6.200 exemplaires).

Un riche anonyme a donné à la Confédération le local de la rue Grange-aux-Belles. La maison est vaste et la Confédération a sous-loué des locaux à de puissantes Fédérations (telles que l'Union fédérale des métallurgistes qui compte 14.000 cotisants), et installé une imprimerie, qui réussit admirablement et peut à peine suffire aux commandes. De nombreux journaux corporatifs s'y impriment déjà. Tout ce matériel, très nouveau et très perfectionné, a été acheté à crédit.

Les Forces de la Confédération.

Quelles sont les forces qui constituent la Confédération ?

Les 64 Fédérations et les 21 syndicats qui constituent la section des Fédérations n'englobe que 203.273 syndiqués. Nous ne pouvons pas compter les syndiqués fournis par la section des Bourses, parce que ce sont les mêmes. Les syndicats doivent, en effet, être affiliés localement à leur Bourse du travail et, en même temps, par métier à leur Fédération, sauf le cas, bien entendu, où il ne peut y avoir de Fédération. Il arrive, en effet, qu'il ne se trouve qu'un seul syndicat dans une profession.

Sous peine de faire défiler deux fois de suite, sous un costume différent, l'armée confédérale, nous devons nous en tenir aux adhérents de la première section.

La direction de la Confédération n'appartient pas aux secrétaires généraux, qui ne sont, en fait, que des commis d'ordre, mais aux Congrès, dont la tenue a lieu tous les deux ans, et au Comité confédéral, composé des comités des deux sections.

Chaque comité est composé d'autant de délégués qu'il y a de Fédérations ouvrières ou de Bourses du travail adhérentes à la Confédération. En principe, les syndicats isolés ont également droit à être représentés au Comité des Fédérations. En fait, ils ne le sont que très rarement et, dans ce cas, c'est

par un membre du comité représentant déjà
une Fédération. Les syndicats isolés sont,
en effet, considérés comme étant en instance
pour former une Fédération. Il n'y a pas
de délégués représentant deux Fédérations.
Leur nombre est donc de 64 environ.

A la section des Bourses, il y a 80 ou
82 délégués. Deux délégués, représentant
déjà une Fédération, représentent également
1 ou 2 Bourses.

*
* *

On a reproché au Comité confédéral la
façon dont il est composé. Chaque Fédération
a droit à un délégué, mais il y a des Fédérations très inégales d'importance, par le
nombre de leurs membres. Le syndicat national des chemins de fer (qui est une véritable Fédération) comprend 24.000 cotisants;
l'Union des métallurgistes, 14.000; la Fédération du textile, 10.000; celle du livre,
10.000; celle des mécaniciens, 5.000; celle
des mouleurs, 5.000. A côté de cela, la Fédé-

ration des blanchisseurs ne compte que 200 membres. Et, grâce au système adopté, le vote des grosses Fédérations serait noyé par celui des petites qui sont les plus nombreuses. Le nombre des confédérés étant de 203.000, les dix plus grosses Fédérations à elles seules en groupent 106.000, c'est-à-dire plus de la moitié, et le nombre total des Fédérations représentées au Comité confédéral étant de 64, la majorité disposera de 10 voix contre 54.

Ce système a été vivement attaqué par les représentants des grosses Fédérations. M. Guérard a fait valoir que, lorsqu'il déclara la grève des chemins de fer, il y était autorisé par le vote de 36 sections contre 34. Mais il se trouvait que les sections les plus déterminées pour la grève étaient aussi les moins nombreuses et il en résulta que 135 ouvriers seulement mirent à exécution l'ordre de grève et que la grève échoua misérablement.

La question est d'autant plus intéressante que les Fédérations les plus nombreuses sont généralement les plus riches et, probablement pour cela, les plus modérées (Fédération des Tabacs, des Chemins de fer, du Livre, des Mécaniciens), et que du mode de représentation semble provenir l'écrasement de l'élément modéré de la Confédération par l'élément violent.

Néanmoins, pour tout dire, il faut remarquer que les votes par organisation sont extrêmement rares au Comité confédéral. Il n'y a guère que la nomination du bureau effectuée dans ces conditions, et il ne faut pas oublier que les membres du bureau ne sont que des agents placés sous le contrôle du Comité et surtout des Congrès.

*
* *

Mais là aussi, dans ces Congrès corporatifs, le mode de votation est vicieux. Les Fédérations et les Bourses du travail se décomposent en leurs éléments. C'est chaque syndicat représenté qui vote et a droit à une voix, quelle que soit son importance.

Au congrès d'Amiens, certains syndicats disposaient ainsi d'une voix par 31 membres, alors que d'autres n'en avaient qu'une par 3.000 adhérents.

« Les tonneliers, dit M. Guérard (1), les brossiers, l'alimentation, la maçonnerie, le bâtiment, les cuirs et peaux comptant ensemble 13.850 adhérents, disposaient de 206 voix, alors que les syndicats des ardoisiers et ceux de la marine, avec 18.000 membres, n'avaient en tout et pour tout que 10 voix. Au même Congrès, une minorité de 45.000 syndiqués sur 200.000 disposait d'un nombre de voix suffisant pour atteindre la majorité dans les votes. »

Il y a, en effet, des syndicats absolument ridicules par le nombre de leurs membres, en opposition avec les plus puissants syndicats.

Et il en résulte, dit M. Guérard, que :

« Les Congrès confédéraux donnent l'impression trompeuse que la révolution est proche et qu'elle ne nécessite plus qu'un geste facile. *A quoi bon nous illusionner nous-mêmes à ce point!* »

(1) *Humanité,* 31 mai 1907.

***

Il s'en faut de beaucoup que les 200.000 adhérents de la Confédération du Travail aient des idées homogènes et soient tous disposés à la violence pour faire triompher les revendications révolutionnaires. Et la preuve en est dans ce fait que les syndicalistes révolutionnaires font tous leurs efforts pour démontrer qu'action directe ne signifie pas « action violente ». La grève des électriciens s'est déroulée en dehors de tout acte brutal, dit M. Griffuelhes dans la *Voix du Peuple* du 24 mars 1907. Va-t-on prétendre que c'est un acte de violence ? Cette grève a, en tout cas, fait éclater la valeur du rôle joué par le travail qui est tout et la fragilité d'un monde qui s'écroulerait devant un refus collectif de travail.

Les journaux ouvriers sont remplis des polémiques syndicalistes sur le réformisme et l'action révolutionnaire. Les plus grandes fédérations échappent à la doctrine qui paraît être celle du Comité confédéral. M. Guérard lui-même, qui fut longtemps l'apôtre le plus déterminé de la grève générale, se déclare aujourd'hui nettement réformiste.

La Confédération générale du Travail est le premier groupement général de toutes les forces ouvrières, uniquement composé et dirigé par des ouvriers. Voilà ce qui fait son prestige vis-à-vis des masses populaires.

Enfin la plus grande liberté est laissée aux organisations qui la composent, et au moment du 1er mai 1906, alors qu'éclatait le mouvement pour la conquête des huit heures, on a vu la Fédération du Livre entamer tranquillement sa campagne pour obtenir la journée de neuf heures.

La Légalité de la Confédération.

On a contesté la légalité de la Confédération et parlé de la dissoudre.

Sa légalité pourrait être assez facilement contestée, mais alors il faudrait dissoudre en même temps, comme illégaux, la plupart des syndicats qui la composent.

« Au congrès socialiste tenu à Lyon en 1901, fait observer M. Sorel (*Pages libres du 21 mars 1903*), un plan d'organisation du Parti socialiste fut voté, où il était spécifié que le Parti sera composé « des groupes « d'études et de propagande, des comités « politiques permanents, des *syndicats* et « des coopératives qui adoptent, avec ses « principes, la doctrine et la *tactique du* « *Parti.* » — Il est difficile, conclut M. Sorel, de se moquer davantage de la loi de 1884, dont l'article 3 stipule expressément :

« Les syndicats professionnels ont *exclusivement* pour objet l'étude et la défense des intérêts économiques industriels, commerciaux et agricoles. »

Combien de syndicats pourraient-ils se vanter de n'avoir jamais enfreint cette rigoureuse consigne ?

*
* *

Mais acceptons la dissolution de la Confédération. Ne voit-on pas qu'elle se reconstituera sous le régime de la loi de 1901, qu'elle deviendra association non déclarée et que les syndicats, pour se grouper autour d'elle, se rallieront également à la loi sur les associations ?

On a voulu empêcher les fonctionnaires de constituer des syndicats, dans la crainte de les voir adhérer à la Confédération. On ne s'est pas aperçu que les dirigeants de la Confédération étaient les premiers à redouter l'invasion de ces éléments modérés, qui auraient eu quelque peine à accepter les principes ainsi formulés :

« Grèves répétées ; — celles-ci étant pour le prolétariat, en même temps qu'une excellente gymnastique de l'action, d'une puissante efficacité éducative (1). »

Le jour d'ailleurs où la Confédération

______

(1) Delesalle, *La Confédération générale du Travail.*

voudra englober toutes ces associations, nous venons de voir qu'elle n'aura qu'à se réclamer de la loi sur les associations.

***

Le gouvernement a tourné la difficulté en présentant au vote des Chambres un statut des fonctionnaires, qui leur interdit de s'affilier à une Fédération étrangère à leur profession de fonctionnaires de l'Etat. Mais qui empêchera la Fédération des fonctionnaires de s'entendre plus ou moins secrètement avec les Fédérations ouvrières ?

On a d'ailleurs laissé à leur entière liberté les syndicats d'ouvriers de l'Etat. Il était difficile de faire une distinction entre les ouvriers de l'arsenal de Toulon et ceux des chantiers de la Seyne, qui, les uns et les autres, construisent les navires de l'Etat.

***

Certains esprits admettent que la violence qui caractérise le mouvement ouvrier n'est, peut-être, qu'un moment de l'organisation syndicale. M. Keüfer a été précédé à la tête de la Fédération du Livre par M. Allemane. Les syndicats anglais, avant d'arriver à la période de prospérité et de calme qu'ils ont obtenue aujourd'hui, ont été plus violents encore que les nôtres. Les patrons paraissent s'être ingéniés souvent à prolonger cette période de crise en retenant leurs ouvriers les plus calmes et leur interdisant l'entrée du syndicat, qui restait ouvert aux plus violents, à ceux qui ne redoutaient pas les répressions patronales et qui rêvaient de révolution sociale. Lorsque les syndicats renfermeront toute la classe ouvrière, peut-être en refléteront-ils davantage l'esprit sage et pratique !

Le syndicalisme n'est évidemment pas attaquable comme doctrine et, si on en chasse la violence, le but que se proposent les syndicalistes est tout à fait légitime. Il est tout naturel que les ouvriers songent à l'amélioration de leur situation et à la possibilité de leur libération économique.

APPENDICE

Statuts de la Confédération Générale du Travail.

ARTICLE PREMIER. — La Confédération générale du Travail, régie par les présents statuts, a pour objet : 1° le groupement des salariés pour la défense de leurs intérêts moraux et matériels, économiques et professionnels ; 2° elle groupe en dehors de toute école politique tous les travailleurs conscients de la lutte à mener pour la disparition du salariat et du patronat.

Nul ne peut se servir de son titre de Confédéré ou d'une fonction de la Confédération dans un acte électoral politique quelconque.

Art. 2. — La C. G. T. est constituée par :

1° Les Fédérations nationales (à leur défaut, les Fédérations régionales) d'industrie et de métier, et les syndicats nationaux ;

2° Les Bourses du travail considérées comme Unions locales, départementales ou régionales de corporations diverses et sans qu'il y ait superfétation ;

3° Elle admet en outre les syndicats dont les professions ne sont pas constituées en Fédérations d'industrie ou de métier ou dont la Fédération n'est pas adhérente à la C. G. T.

Les syndicats admis isolément seront groupés par industrie ou métier dès qu'ils seront trois syndicats adhérents à la C. G. T.

Art. 3. — Nul syndicat ne pourra faire partie de la C. G. T. s'il n'est fédéré nationalement et adhérent à une Bourse du travail ou à une Union de syndicats locale, départementale ou régionale de corporations diverses.

Toutefois la C. G. T. examinera le cas des syndicats qui, trop éloignés du siège social de leur Union locale, régionale ou départementale, demanderaient à n'adhérer qu'à l'un des deux groupements nationaux cités à l'article 2.

Elle devra en outre, dans un délai d'un an, engager et ensuite mettre en demeure les Syndicats, les Bourses du travail, Unions locales, départementales, régionales, les Fédérations diverses de suivre les clauses stipulées au paragraphe 1er du présent article.

Nulle organisation ne pourra être confédérée, si elle n'a au moins un abonnement à la *Voix du peuple*.

ART. 4. — Chaque organisation adhérente à la C. G. T. sera représentée par un délégué.

L'ensemble de ces délégués constitue le Comité confédéral.

Le même délégué pourra représenter au maximum trois organisations.

Les délégués doivent remplir les conditions stipulées à l'article 3 et être syndiqués depuis au moins un an. Cette condition de stage n'aura pas d'effet rétroactif et ne sera pas applicable aux organisations n'ayant pas un an d'existence.

Art. 5. — La C. G. T. se divise en deux sections autonomes :

La première prend le titre de : Section des Fédérations d'industrie et de métier et des syndicats isolés.

La deuxième prend titre de : Section de la Fédération des Bourses du travail.

En outre elle nomme trois commissions permanentes, ainsi qu'il suit :

1° Commission du journal ;

2° Commission des grèves et de la grève générale ;

3° Commission de contrôle.

Art. 6. — *Section des Fédérations d'industrie et de métier et des syndicats isolés.*

La section des Fédérations d'industrie et de métier et des syndicats isolés est formée par les représentants de ces Fédérations et par les représentants des syndicats qui pourraient être admis isolément.

Elle nomme son bureau composé : d'un secrétaire et d'un secrétaire adjoint, d'un trésorier, d'un trésorier adjoint, d'un archiviste et fixe les attributions de chaque membre du bureau.

Elle perçoit les cotisations des Fédérations d'industrie et de métier et des syndicats isolés et en dispose selon les besoins de ses attributions.

La réunion de ses délégués prend le nom de Comité des Fédérations d'industrie ou de métier et des syndicats isolés.

Art. 7. — La section des Fédérations d'industrie ou de métier et des syndicats isolés a pour objet de créer ou de provoquer la création de Fédérations d'industrie ou de métier et de grouper en branches d'industrie les syndicats de même profession ou de même industrie, pour lesquels il n'existe aucune Fédération.

Elle décide à adhérer aux Bourses du travail ou Unions locales ou régionales de syncats divers, les syndicats de ces organisations qui en sont en dehors, afin de compléter l'Union syndicale.

Elle entretient des relations entre les Fédérations de métier ou d'industrie pour coordonner l'action spéciale de ces organisations, et prend toutes les mesures nécessaires pour soutenir l'action syndicale sur le terrain de la lutte économique.

Art. 8. — La section des Fédérations d'industrie et de métier et des syndicats isolés se réunit, quand c'est nécessaire, sur la convocation de son secrétaire et prend toutes les mesures indispensables à la bonne marche des fonctions qui lui sont dévolues.

Art. 9. — La section de la Fédération des Bourses du travail est formée par les représentants des Bourses du travail ou unions locales, départementales, régionales de syndicats divers.

Elle nomme son bureau composé de : un secrétaire, un secrétaire adjoint, un trésorier, un trésorier adjoint, un archiviste, et fixe les attributions de chaque membre du bureau.

Elle perçoit les cotisations des éléments qui la composent et en dispose selon les besoins de ses attributions.

La réunion de ses délégués prend le nom de Comité des Bourses du travail.

ART. 10. — La section des Bourses du travail a pour objet d'entretenir des relations entre toutes les Bourses dans le but de coordonner et de simplifier le travail de ces organisations ; de créer ou de provoquer la création de nouvelles Bourses ou unions de syndicats divers dans les centres, villes ou régions qui en sont dépourvus ; de décider les syndicats de ces organisations, non fédérés par métier ou industrie, d'adhérer à leurs Fédérations respectives.

Elle dresse périodiquement, avec les renseignements fournis par les Bourses du travail ou toute autre organisation syndicale, des statistiques de la production en France, de la consommation, du chômage ; des statistiques comparées des salaires et du coût des vivres par région, ainsi que du placement gratuit qu'elle généralise aux travailleurs des deux sexes et de tous les corps d'état.

Elle surveille avec attention la marche de la juridiction ouvrière pour en signaler les avantages ou les inconvénients aux organisations confédérées.

Elle s'occupe de tout ce qui a trait à l'administration syndicale et à l'éducation morale des travailleurs.

Art. 11. — La section de la Fédération des Bourses du travail se réunit selon les besoins sur convocation de son secrétaire, et prend toutes les mesures qui sont nécessaires à la bonne marche des fonctions qui lui sont dévolues.

Art. 12. — *Commission du journal.*

La commission du journal est composée de 12 membres pris à raison de 6 dans chacune des deux sections de la Confédération.

Elle nomme son secrétaire chargé de la convoquer et de rédiger les procès-verbaux. Le secrétaire de cette commission est, en outre, spécialement chargé de l'administration proprement dite du journal : abonnements, vente, expédition, correction des articles et correspondance y afférente.

Le gérant du journal fait partie de droit de cette commission.

Art. 13. — La commission du journal a pour objet de recevoir, de classer et de vérifier les articles et communications.

Le journal étant l'organe officiel de la C. G. T. ne peut être rédigé que par des ouvriers confédérés.

La commission du journal veille à ce qu'en aucun cas, l'organe de la Confédération ne devienne la tribune publique de polémiques injurieuses, de querelles personnelles ou politiques entre syndicats.

Au cas où un article demanderait rectification, elle en aviserait l'auteur.

Les délibérations officielles de la Confédération, de ses sections ou de ses commissions sont insérées dans le journal.

Les dépenses et recettes de cette commission sont communes aux sections de la Confédération.

Art. 14. — La commission du journal se réunit sur convocation de son secrétaire avant l'apparition de chaque numéro et prend toutes les dispositions nécessaires pour assurer le succès et la prospérité du journal.

Art. 15. — *Commission des grèves et de la grève générale.*

La commission des grèves et de la grève générale est composée de 12 membres, pris à raison de 6 dans chacune des sections de la Confédération.

Elle nomme son secrétaire chargé de la convoquer et de rédiger les procès-verbaux.

Art. 16. — La commission des grèves et de la grève générale a pour objet d'étudier le mouvement des grèves dans tous les pays.

Elle recueille les souscriptions de solidarité et en assure la répartition aux intéressés.

Elle s'efforce, en outre, de faire toute la propagande utile pour faire pénétrer dans l'esprit des travailleurs organisés la grève générale.

A cet effet, elle crée ou provoque la création, partout où il est possible, de sous-comités de grève générale.

Art. 17. — La commission des grèves et de la grève générale se réunit sur convocation de son secrétaire et envoie, si possible, aux organisations en grève qui en feraient la demande, des camarades pour soutenir leur action.

ART. 18. — Le fonctionnement de la commission des grèves et de la grève générale est assuré par un prélèvement :

1° De 50 0/0 sur les cotisations perçues par les sous-comités de grève générale ;

2° De 5 0/0 sur les cotisations perçues par chacune des sections de la Confédération.

ART. 19. — *Commission de contrôle.*

La commission de contrôle est formée par 12 membres pris à raison de 6 dans chacune des deux sections de la Confédération. Elle nomme son secrétaire chargé de la convoquer et de rédiger les procès-verbaux.

ART. 20. — La commission de contrôle a pour objet de veiller à la bonne gestion financière des divers services de la Confédération. Chaque année au mois de juin elle procède à la vérification des comptes financiers, dépenses et recettes, de la section de la Fédération des Bourses du travail, de la section des Fédérations d'industrie et de métier, de la Commission des grèves et de la grève générale, et du journal.

Le résultat de ses opérations est consigné dans un rapport d'ensemble qui est soumis au Comité confédéral et publié, s'il y a lieu, dans le journal de la Confédération.

Art. 21. — *Comité confédéral.*

Le Comité confédéral est formé par la réunion des deux sections. Il se réunit tous les trois mois, pour permettre à chaque section d'exposer les observations qu'elle pourrait avoir à présenter et les modifications qu'elle pourrait proposer dans l'intérét supérieur du prolétariat organisé. Il peut se réunir extraordinairement, en cas de besoin ou d'urgence, sur la décision du bureau. Il est l'exécuteur des décisions des congrès nationaux ; il intervient dans tous les événements de la classe ouvrière et prononce sur tous les points d'ordre général.

Art. 22. — Etant donné que tous les éléments qui constituent la Confédération doivent se tenir en dehors de toute école politique, les discussions, conférences, causeries organisées par le Comité confédéral ne peuvent porter que sur des points d'ordre économique ou d'éducation syndicale et scientifique.

ART. 23. — Le bureau de la Confédération est formé par la réunion du bureau des deux sections et du secrétaire de chaque commission.

Il prépare la réunion du Comité confédéral et veille à l'exécution des décisions prises en assemblée générale.

Le secrétaire de la section des Fédérations d'industrie ou de métier aura le titre de secrétaire général de la Confédération.

ART. 24. — Le bureau des sections est renouvelé après chaque Congrès national des syndicats : les membres sortants sont rééligibles.

Le Comité confédéral avisera les organisations adhérentes au moins un mois avant ce renouvellement, afin qu'elles puissent se réunir et désigner les candidats, pour que les noms de ceux-ci puissent être publiés quinze jours avant l'élection.

Art. 25. — Les indemnités des fonctionnaires qui, en raison de l'importance de leurs fonctions, pourront être rétribués, seront fixées par le Comité confédéral.

Les fonctionnaires de la Confédération pourront être envoyés en délégation au nom de la Confédération.

Art. 26. — *Cotisations.*

Pour permettre à la Confédération d'assurer ses divers services, les organisations confédérées sont tenues de verser des cotisations fixées comme suit :

1° Les Bourses du travail ou Unions de syndicats divers : 35 centimes par syndicat les constituant et par mois.

2° Les Fédérations d'industrie ou de métier et les syndicats nationaux : 40 centimes par cent membres ou fraction de cent membres et par mois ;

3° Les syndicats isolés : cinq centimes par membre et par mois.

Art. 27. — Seules, les organisations remplissant les conditions prescrites à l'article 3 des présents statuts auront droit à la marque distinctive des éléments de lutte appelée Label confédéral.

Pendant la période transitoire, le Label sera accordé aux organisations confédérées qui ne rempliraient qu'une des conditions prévues au § 1ᵉʳ de l'article 3.

ART. 28. — Toute organisation en retard de trois mois de ses cotisations est considérée comme démissionnaire, après une lettre d'avis restée sans effet. Si cette organisation demandait sa réadmission, elle serait tenue de payer les cotisations depuis son dernier versement.

ART. 29. — Pour tous les cas autres que ceux prévus à l'article précédent, la radiation ne pourra être prononcée que par un Congrès. Toutefois, dans une circonstance grave, le Comité confédéral peut prononcer la suspension de l'organisation incriminée jusqu'au Congrès suivant, qui prononcera définitivement. Les cotisations versées par les organisations démissionnaires ou radiées restent acquises à la Confédération.

ART. 30. — Les délégués du Comité confédéral sont tenus d'assister régulièrement aux séances pour lesquelles ils sont convoqués dans l'intérêt même des organisations qu'ils représentent.

Lorsqu'un délégué aura manqué à plus de trois réunions, le bureau de la section en avisera l'organisation intéressée.

ART. 31. — *Congrès et divers.* — La C. G. T. organise pour le mois de septembre, tous les deux ans, un grand Congrès national du travail, auquel sont invitées toutes les organisations qui, directement ou par intermédiaire, sont adhérentes à la Confédération.

L'ordre du jour de ces Congrès sera établi par les soins du Comité confédéral et adressé au moins trois mois à l'avance aux organisations confédérées après les avoir consultées.

Le Comité confédéral peut déléguer partie de ses pouvoirs aux organisations confédérées ayant leur siège dans la ville où se tiendra le Congrès, sous réserve qu'il se sera assuré que les villes présentent les éléments nécessaires.

Ne pourront assister au Congrès que les organisations ayant rempli leurs obligations financières envers la C. G. T. au moment où le rapport financier à présenter au Congrès sera établi, et qui auront donné leur adhésion à la Confédération, au moins trois mois avant l'époque fixée pour le Congrès.

N'ont voix délibérative au Congrès que les unités syndicales ; les Bourses du travail et les Fédérations n'y ont que voix consultative. A l'ouverture de chaque Congrès une commission de contrôle prise parmi les délégués de province sera chargée d'examiner les comptes de la Confédération.

Art. 32. — La C. G. T. préparera pour chaque Congrès un rapport général sur sa gestion qui sera soumis à l'approbation du Congrès.

Art. 33. — Le compte rendu du Congrès sera publié sous la responsabilité de la C. G. T. Un duplicata de la minute sténographique, les rapports des organisations et des commissions, ainsi que les propositions déposées sur le bureau seront versés aux archives de la Confédération.

Art. 34. — Chaque organisation représentée aux Congrès n'aura droit qu'à une voix. Chaque délégué ne pourra représenter que 10 syndicats au maximum. Les mandats arrivés au Congrès après le premier jour seront déclarés nuls. Un règlement spécial des Congrès fixera les autres détails d'organisation des Congrès.

Art. 35. — Les deux sections pourront tenir, si elles le jugent utile, des conférences particulières qui auront lieu à l'issue du Congrès général du travail.

Art. 36. — Dans le but de faciliter la création d'une entente internationale du travail, la Confédération entretiendra des relations avec les organisations ouvrières et Bourses du travail des autres pays. La C. G. T. sera adhérente au secrétariat international corporatif.

Art. 37. — La C. G. T., basée sur le principe du fédéralisme et de la liberté, assure et respecte la plus complète autonomie des organisations qui se seront conformées aux présents statuts.

ART. 38. — Le siège social de la C. G. T. est fixé à Paris.

ART. 39. — Les présents statuts ne pourront être modifiés que par un Congrès, à la condition que le texte des propositions de modification soit publié dans l'ordre du jour de ce Congrès.

ART. 40. — Les présents statuts entreront en vigueur à partir du 1er janvier 1903.

SOMMAIRE

Bar-le-Duc. — Impr. Brodard, Meuwly et Ci^e.